Pierre Wynants
Brüsseler Spitzenküche

PIERRE WYNANTS

Brüsseler Spitzenküche

Die Originalrezepte
aus dem »Comme chez Soi«

Ausgewählt, bearbeitet und übersetzt von
Ursula Fabian

ECON Verlag
Düsseldorf · Wien · New York

Titel der französischen Originalausgabe:
Les recettes originales de Pierre Wynants − »Comme chez Soi«
Avec la collaboration de Léon Léonard
Original-Verlag: Éditions Robert Laffont, Paris
Übersetzt von Ursula Fabian
Copyright © Text: Éditions Robert Laffont, 1985
Copyright © Fotos und Layout: ECON Verlag GmbH, Düsseldorf, Wien, New York; 1989
Fotos: Helmut Claus, Köln

CIP-Titelaufnahme der Deutschen Bibliothek

Wynants, Pierre:
Brüsseler Spitzenküche: Die Originalrezepte aus dem »Comme chez Soi« / Pierre Wynants.
Ausgew., bearb. u. übers. von Ursula Fabian. – Düsseldorf; Wien; New York: ECON Verl., 1989
Einheitssacht.: Comme chez Soi <dt.>
Teilausg. von: Les recettes originales de . . .
ISBN 3-430-19866-6
NE: Fabian, Ursula [Bearb.]

Copyright © 1989 der deutschen Ausgabe by
ECON Verlag GmbH, Düsseldorf, Wien, New York.
Alle Rechte der Verbreitung, auch durch Film, Funk und Fernsehen,
fotomechanische Wiedergabe, Tonträger und Rückgewinnung
in Datenverarbeitungsanlagen aller Art, sind vorbehalten.
Gesetzt aus der Gatamond ITC
Satz: ICS Communikations-Service GmbH, Bergisch Gladbach
Druck und Bindearbeiten: Richterdruck, Würzburg
Printed in Germany
ISBN 3-430-19866-6

Inhalt

Einführung

Pierre Wynants' »Comme chez Soi« ist ein kleines Stadtrestaurant im Zentrum von Brüssel. Es liegt an der ruhigen Place Rouppe, auf die man direkt zugeht, wenn man hinter dem großen historischen Markt, der Grande Place, der engen Rue du Midi folgt. Der Weg führt vorbei an Münz- und Philatelie-Läden und auch an der Akademie der Schönen Künste. Dort lehrte in den zwanziger Jahren Victor Horta, der zu den Pionieren der modernen belgischen Architektur gehört und einer der bedeutendsten Vertreter des europäischen Jugendstils ist.

Von außen bietet sich das »Comme chez Soi« nicht als Restaurant, sondern eher als Bürgerhaus dar, das man wie das eigene Haus durch eine Haustür betritt – *comme chez soi*. Innen ist Pierre Wynants' Restaurant eine Kunstschöpfung im Jugendstil, eine Reminiszenz der Epoche Hortas, wie sie sich in keinem anderen Brüsseler Restaurant findet. Die schwungvolle Ornamentik des *art nouveau* ist das dekorative Leitmotiv des Raumes, das bis in kleinste Details durchgehalten wird. Man entdeckt die grazilen Linien dieser Ornamentik überall, an den Wänden, in den Mustern der Teppiche und auf den Tellern, die Pierre Wynants eigens in Limoges anfertigen ließ.

Die stilvolle Eleganz dieses Interieurs bildet den Hintergrund für das kulinarische Raffinement von Küche und Keller. Pierre Wynants ist der beste Koch Belgiens, und er wird gleichrangig neben die hervorragendsten französischen Köche gestellt. Seit zehn Jahren wird das »Comme chez Soi« vom Guide Michelin mit drei Sternen ausgezeichnet, und der Gault Millau gesteht ihm vier rote Kochmützen und die Höchstzahl von 19,5 Punkten zu, als einzigem Nicht-Franzosen neben dem Schweizer Fredy Giradet.

Diese Perfektion ist das Ergebnis einer langen Familientradition. Sein Vater, Louis Wynants, übernahm das 1926 gegründete Restaurant von seinem Schwiegervater. Bereits 1953 erhielt Louis Wynants den ersten Michelin-Stern. Da Sohn Pierre geringen schulischen Ehrgeiz entwickelte, stellte Louis Wynants den Sechzehnjährigen kurzerhand an den Herd und schickte ihn wenig später ins Brüsseler Savoy in die Lehre. Weitere Stationen von Pierre Wynants' steiler Karriere waren dann die Auberge du Moulin Hideux in Noirefontaine (noch heute eines der besten belgischen Restaurants), das Grand Véfour in Paris, wo ihn der Großmeister der französischen Küche, Raymond Oliver, in seine Obhut nahm, und schließlich das berühmte Tour d'Argent unter Claude Terrail.

1961 kehrt Pierre Wynants nach Brüssel ins eigene Restaurant zurück. Bereits als Fünfundzwanzigjähriger erhält er den begehrten Prix Prosper-Montagné und 1966 den zweiten Michelin-Stern. 1971 wird er in die Compagnie des Maître sommeliers des vins de France aufgenommen, und 1976, im Jahr des fünfzigjährigen Bestehens vom »Comme chez Soi«, wird er von der französischen Regierung zum Chevalier de l'ordre du Mérite agricole ernannt. Pierre Wynants ist einer der Vizepräsidenten von Traditions & Qualité, der Vereinigung der besten Restaurateure der Welt.

In der Tradition der klassischen Haute Cuisine ausgebildet, hat Pierre Wynants deren Entwicklung zu einer zeitgemäßen leichten Küche voller Finesse entscheidend mitgeprägt. Er hat dabei einen ganz persönlichen Stil entwickelt; in seiner Küche schlägt sich zudem der Einfluß mehrerer Studienreisen in den Fernen Osten nieder. Nicht zuletzt lebt in seiner Art zu kochen die Tradition der Regionalküchen Belgiens, eines Landes, in dem seit Jahrhunderten gern und gut gegessen wird. Vor mehr als sechzig Jahren aß man im Restaurant seines Großvaters wie zu Hause – *comme chez soi*. Bei Pierre Wynants ißt man heute im »Comme chez Soi« jedoch, wie es einer seiner vielen illustren Gäste ausdrückte, unendlich viel besser als zu Hause: »infiniment mieux comme chez soi«.

Ursula Fabian

Vorwort

Noch vor wenigen Jahren hätte ich mir nicht vorstellen können, ein Buch mit meinen Rezepten zu veröffentlichen. Mein Großvater und mein Vater haben eine Küche geführt, die sich klar und ohne Schnörkel an der klassischen Haute Cuisine orientierte. So sind ihre eigenen und ganz persönlichen Spezialitäten entstanden. Darauf konnte ich aufbauen. Ich habe meinen eigenen Stil entwickelt und mir einen Fundus von Gerichten geschaffen, den ich immer weiter zu vervollkommnen trachte.

Der Erfolg meines Restaurants »Comme chez Soi« hat mich ermutigt, meine Rezepte in Buchform vorzulegen. Ich tue dies in der Absicht, meine Leser an den Freuden meiner Tafel teilhaben zu lassen. Es gehört heute wohl zum guten Ton, daß jede Küche mit einem Etikett versehen und einer bestimmten Richtung zugeordnet wird. Meine Küche ist weder ›super-nouvelle‹ noch zu sehr an der klassischen Küche orientiert. Ich pendele zwischen beiden Polen und versuche, den Gerichten meine persönliche Note zu geben. Dabei sollen sie vor allem gut schmecken und elegant wirken.

Alle Gerichte, die ich im Laufe der letzten Jahre in meinem Restaurant auf den Tisch gebracht habe, haben mein Küchenchef und ich in mühevoller Kleinarbeit ausgearbeitet. Sie lassen sich daher auch von nichtprofessionellen Köchen und in haushaltsüblichen Portionen ohne Schwierigkeiten nachvollziehen.

Bei den Menüvorschlägen am Ende des Buches habe ich mich vor allem nach dem jahreszeitlich bedingten Marktangebot gerichtet. Die Menüs sind ausgewogen, aber zugleich sehr unterschiedlich. Es gibt einfache und exklusive, ganz klassische und auch regional gefärbte. Die Auswahl ist dem Geschmack des einzelnen überlassen, der sich nicht zuletzt nach seinen Gästen und leider auch nach der Größe seines Geldbeutels richten muß. Die Auswahl der Weine wurde von meinem Freund Serge Tonneau und von

René Gorissen getroffen, meinem Maître d'hôtel, der auch Maître sommelier des vins de France ist.

Hinweise zu den Rezepten

Die Fonds oder Grundbrühen sind die »Seele« der Saucen und der »Körper« der Gerichte. Viele kulinarische Zubereitungen bekommen ihren besonderen Geschmack erst durch die Reduktion eines Fonds. An einem Vergleich läßt sich das verdeutlichen: Ein guter Fond gibt einem Gericht das, was einen leichten, schalen Wein von einem körper- und bouquetreichen Wein unterscheidet. Ich habe viele kommerzielle Produkte ausprobiert, aber keines hat mich im Geschmack überzeugt. Außerdem sind alle angebotenen Fonds bereits gewürzt, was weitere Reduktionen unmöglich macht. Man sollte also die Fonds lieber selbst zubereiten. Das macht viel weniger Mühe, als man meint. Die Hauptarbeit übernimmt sowieso der Herd. Vielleicht kann man dazu einmal ein ruhiges Wochenende benutzen. Überdies lassen sich Fonds ausgezeichnet einfrieren. Man sollte sie dann in kleine Portionen aufteilen und nicht allzulange im Tiefkühlschrank aufbewahren. Das Ergebnis wiegt allemal die Mühe auf − und eine gute Küche erfordert nun einmal einigen Aufwand.

Die Garzeiten sind so genau wie möglich angegeben. Beim Garen im Ofen beziehen sie sich stets auf einen bereits vorgeheizten Backofen. Leider ist die Temperaturregelung von Ofen zu Ofen sehr unterschiedlich. Man muß seinen Ofen also gut kennen und mehrmals ausprobiert haben.

Die Zubereitungsdauer ist jeweils angegeben. Bei einzelnen Rezepten sind unter den Zutaten schon fertige Zubereitungen angeführt, z. B. bereits abgekochte Hummer, gegarte Gemüse, fertiggestellte Saucen. Ihre Zubereitungsdauer ist nicht mit angegeben, sie findet sich im entsprechenden Rezept und muß zugerechnet werden.

Die Gewürze sind bis auf wenige Ausnahmen nicht in abgewogenen Mengen angegeben. Bei ihrem geringen Gewicht wäre dafür eine Apothekerwaage erforderlich. Als Salz empfehle ich grobes Meersalz. Was den Pfeffer betrifft, so überlasse ich es einem jeden, selbst die Auswahl unter den verschiedenen Sorten zu treffen. Ich verwende weißen Pfeffer, wie es in der klassischen Haute Cuisine üblich ist. Ansonsten gilt, lieber mehrmals wenig als einmal zu stark zu würzen. Deswegen sollte man öfters abschmecken. Beim Braten muß beachtet werden, daß das Bratgut und nicht der Bratfond gesalzen wird, wenn man sich später nicht über eine versalzene Sauce ärgern möchte.

Die Gewichtsangaben beziehen sich, falls nicht anders angegeben, immer auf das Nettogewicht der einzelnen Zutaten. Es hat wohl jeder seine eigene Art, Gemüse zu putzen, zu schälen und zurechtzuschneiden.

Übung macht den Meister. Trotz der detaillierten Beschreibung der Rezepte kann es vorkommen, daß sie beim Nachkochen nicht auf Anhieb gelingen. Deshalb sollte man sich davor hüten, Gästen Gerichte vorsetzen zu wollen, die man vorher nicht ausprobiert hat. Bevor man sich ans Kochen begibt, sollte man das Rezept sorgfältig durchlesen und sich vor allem auch den Kochablauf einprägen. Während unserer Lehrzeit haben wir Köche so manches Mal Blut und Wasser geschwitzt, um das zu werden, was wir jetzt sind. Außerdem hatten wir unsere Lehrmeister hinter uns, so daß sie unsere Fehler korrigieren konnten. Sie, liebe Leser, die Sie allein am Herd stehen, müssen um so konzentrierter arbeiten. Die Geschicklichkeit, die wir Berufsköche haben, können auch Sie mit beharrlicher Übung erreichen. Sie müssen allerdings ein gewisses Gefühl für die Dinge mitbringen. Deshalb: Folgen Sie den Rezepten nicht blindlings. Wandeln Sie sie ab. Ersetzen Sie zum Beispiel teure Zutaten durch erschwingliche. Nehmen Sie statt einer Languste einen preiswerteren Seeteufel, statt Bressetäubchen die billigeren Wachteln — und das Ergebnis wird nicht weniger befriedigend ausfallen.

Alle Rezepte sind für vier oder für acht Personen berechnet, und zwar innerhalb eines Menüs von drei Gängen. Serviert man nur einen Gang, so versteht es sich von selbst, daß man entweder die Zutaten verdoppelt oder die Anzahl der Gäste halbiert.

Sollten Sie einmal ins »Comme chez Soi« kommen, so werden Sie vielleicht bemerken, daß die Ihnen aus diesem Buch bekannten Gerichte in anderer Form, mehr oder weniger verändert, auf der Speisekarte stehen. Seien Sie davon nicht überrascht. Eine gute Küche muß sich in ständiger Weiterentwicklung befinden. Mein Bemühen ist es, meine Gerichte immer weiter zu verfeinern und zu vervollkommnen. Deshalb heißt es für mich jetzt: vom Schreibtisch wieder zurück an den Herd.

Pierre Wynants

Grundrezepte

Geflügelfond oder heller Rinderfond

Brauner Kalbsfond und Kalbsglace

Gelée de bœuf

Enten- oder Taubenfond

Fischfond

Hummerfond

Garnelenfond

Krebs-Jus

Kurzer Gemüsefond

Ausbackteig

Geflügel- oder Fischfarce

Das Abkochen von Hummern oder Langusten

Geflügelfond oder heller Rinderfond

FOND DE VOLAILLE OU FOND BLANC DE BŒUF

Zutaten für 1 l

500 g Hühnerhälse oder
Hühnerkarkassen
2 l Wasser
je 100 g Zwiebeln, Karotten, Lauch,
Blätter von Staudensellerie
2 kleine Thymianzweige
1 Lorbeerblatt

Zubereiten

☆ Die Hühnerhälse oder -karkassen gründlich abspülen, abtropfen lassen und in einen großen Topf geben. Das Wasser zugießen und zum Kochen bringen.

☆ Etwa 5 Minuten kochen lassen, dabei mehrmals den sich bildenden Schaum mit der Schaumkelle von der Oberfläche abschöpfen.

☆ Anschließend das grob zerschnittene Würzgemüse sowie den Thymian und das Lorbeerblatt zufügen. Den Fond wieder zum Kochen bringen und nochmals abschäumen.

☆ Auf kleiner Flamme etwa 2 Stunden langsam kochen lassen.

☆ Zuletzt den Fond durch ein feines Sieb gießen, abkühlen lassen und bis zur Weiterverwendung zugedeckt im Kühlschrank aufbewahren.

Zubereitungsdauer: 20 Minuten und 2 Stunden Kochzeit.

Hinweis

Ein heller Rinderfond wird auf die gleiche Weise zubereitet.
Anstelle der Geflügelhälse oder -karkassen verwendet
man kleingehackte Rinderknochen und etwa 500 g Rinder-
brust, die man nach etwa 1½ Stunden Kochzeit heraus-
nimmt, zugedeckt abkühlen läßt und später kalt als Salat
oder mit einer pikanten Soße anrichtet.
Sowohl der Geflügel- wie auch der Rinderfond werden
erst bei der Weiterverwendung gesalzen, da ein noch-
maliges Reduzieren nicht nur das Aroma, sondern auch
den Salzgehalt konzentriert.

Brauner Kalbsfond und Kalbsglace

FOND DE VEAU ET GLACE DE VIANDE

Zutaten für ½ l

2 kg Kalbsknochen
100 g Butter
150 g doppelt konzentriertes
Tomatenmark
4 l Wasser
je 200 g grob zerschnittene
Zwiebeln, Karotten, Stangen von
Staudensellerie
5 Knoblauchzehen
4 kleine Zweige Thymian
2 Lorbeerblätter
einige Petersilienstiele
1 TL Salz
5 Pfefferkörner

Zubereiten

☆ Die Kalbsknochen vom Metzger in möglichst kleine Stücke zerhakken lassen.

☆ In einem großen Topf 50 g Butter erhitzen und darin die zerkleinerten Kalbsknochen braun anrösten.

☆ Anschließend das Tomatenmark einrühren und nochmals knapp 2 Minuten weiterrösten.

☆ Danach das kalte Wasser zugießen und zum Kochen bringen.

☆ Die restlichen 50 g Butter in einem zweiten Topf schmelzen lassen, das grob zerschnittene Gemüse zufügen und unter Rühren etwa 5 Minuten dünsten, jedoch keine Farbe annehmen lassen.

☆ Den kochenden Fond abschäumen und das angedünstete Würzgemüse sowie die zuvor geschälten und halbierten Knoblauchzehen, den Thymian, die Lorbeerblätter, das Salz und die grob zerdrückten Pfefferkörner zufügen.

☆ Auf kleiner Flamme etwa 6 Stunden langsam kochen lassen und von Zeit zu Zeit den Schaum von der Oberfläche abschöpfen.

☆ Danach durch ein Spitzsieb in einen sauberen Topf umgießen. Nochmals zum Kochen bringen und auf etwa ½ Liter einkochen lassen.

☆ Den braunen Kalbsfond durch ein feines Sieb abgießen, erkalten lassen und bis zur Weiterverwendung in den Kühlschrank stellen.

Zubereitungsdauer: 25 Minuten und 7 Stunden Kochzeit.

Kalbsglace

Die Kalbsglace ist der zur sirupartigen Konsistenz eingekochte braune Kalbsfond.
Dafür wird der erkaltete ½ Liter Fond auf eine Menge von etwa 150 ml reduziert.

Hinweis
Beim Reduzieren ist darauf zu achten, daß die Topfwände mit einem Spachtel ständig saubergehalten werden, damit der eingedickte Fond hier nicht ansetzt und verbrennt.
Die abgekühlte Kalbsglace wird im Kühlschrank aufbewahrt. Sie wird hauptsächlich zum Anreichern von Saucen verwendet.
Für den gleichen Zweck kann man auch den in der täglichen Küche anfallenden Bratensaft in einem kleinen Schraubglas sammeln und im Kühlschrank aufbewahren.

Gelée de bœuf

Zutaten für 1 l

1 kg Rinderknochen
3 dl kräftiger Rotwein
(Côtes du Rhône)
2 l Wasser
200 g Karottenwürfel
150 g Zwiebelwürfel
150 g Lauchstreifen
150 g Blätter von Staudensellerie
3 große Knoblauchzehen
2 Thymianzweige
1 Lorbeerblatt
10 g Salz
frisch gemahlener weißer Pfeffer
60 g Blattgelatine

Zubereiten

☆ Die in möglichst kleine Stücke gehackten Knochen gründlich abspülen und in einen großen Topf geben.

☆ Den Rotwein angießen, aufkochen und die Flüssigkeit auf ein Drittel einkochen lassen.

☆ Das Wasser zugießen und den Fond wieder zum Kochen bringen.

☆ Den Schaum, der sich an der Oberfläche sammelt, zwei- oder dreimal abschöpfen, dann erst das gewürfelte Würzgemüse sowie die geschälten Knoblauchzehen, den Thymian und das Lorbeerblatt zufügen.

☆ Den Fond wieder zum Kochen bringen und auf kleiner Flamme 6 Stunden ziehen lassen, dabei von Zeit zu Zeit abschäumen.

☆ Danach den auf etwa 1 Liter eingekochten Fond durch ein feines Sieb abgießen. Anschließend noch durch ein Passiertuch seihen und gründlich entfetten.

☆ Die Blattgelatine etwa 5 Minuten in kaltem Wasser einweichen, ausdrücken und in dem nochmals kurz erhitzten Fond auflösen. Mit Salz und Pfeffer abschmecken.

☆ Den heißen Fond durch ein feines Sieb seihen, abkühlen und zugedeckt im Kühlschrank gelieren lassen.

Zubereitungsdauer: 40 Minuten und 3 Stunden 15 Minuten Kochzeit.

Hinweis

*Dieses Gelée wird nicht geklärt, da es nicht für Aspik,
sondern zur Verfeinerung von Saucen verwendet wird.
Es läßt sich sehr gut portionsweise einfrieren. Vor der
Weiterverwendung wird es aufgetaut und nochmals
aufgekocht. Nach dem Abkühlen läßt man es im
Kühlschrank wieder gelieren.*

Enten- oder Taubenfond

FOND DE CANARD OU DE PIGEON

Zutaten für ½ l

300 g Hälse oder rohe Karkassen
von Enten bzw. Tauben
25 g Butter
100 g Blätter von Staudensellerie
100 g Karottenwürfel
100 g Zwiebelwürfel
2 kleine Thymianzweige
2 Lorbeerblätter
2 l Wasser

Zubereiten

☆ Die Hälse oder die zerkleinerten rohen Karkassen waschen. Auf einem Küchentuch abtropfen lassen oder mit Küchenpapier trockentupfen.

☆ In einer großen Kasserolle die Butter erhitzen, bis sie hellbraun ist. Die Hälse oder die Karkassen zufügen und anbräunen.

☆ Danach 2 Liter Wasser vorsichtig zugießen und zum Kochen bringen. Den Schaum gründlich abschöpfen und anschließend die Sellerieblätter, die Karottenwürfel, die grob zerschnittenen Zwiebeln sowie die Thymianzweige und die beiden Lorbeerblätter zufügen.

☆ Nochmals kurz aufkochen, sofort die Hitze reduzieren und auf kleinster Flamme etwa 2 Stunden mehr ziehen als kochen lassen, dabei mehrmals abschäumen.

☆ Anschließend den Fond durch ein Spitzsieb seihen, wieder aufkochen und auf ½ Liter einkochen lassen.

☆ Nochmals durch ein feines Sieb gießen und bis zur Weiterverwendung kühl stellen.

Zubereitungsdauer: 25 Minuten und 2 Stunden Kochzeit.

Hinweis

Da dies eine Grundbrühe ist, die für weitere Reduktionen zum Beispiel in Saucen verwendet wird, sollte man erst bei der endgültigen Fertigstellung Salz zufügen. Denn beim späteren Einkochen der Flüssigkeit konzentriert sich nicht nur das Aroma, sondern auch der Salzgehalt.

Fischfond

FUMET DE POISSON

Zutaten für etwa 1 l

*250 g Fischgräten von Edelfischen
(Seezunge oder Steinbutt)
je 100 g Zwiebeln und Blätter von
Staudensellerie
20 g Butter
einige Petersilienstiele
1 Lorbeerblatt
2 kleine Thymianzweige
5 weiße Pfefferkörner
½ unbehandelte Zitrone
2 dl trockener Weißwein
(Elsässer oder Loirewein)
2 l Wasser*

Zubereiten

☆ Die Fischgräten so lange abspülen, bis das Wasser klar bleibt. Danach die Gräten zerkleinern.

☆ Die Zwiebeln sowie die Sellerieblätter nicht zu grob zerschneiden.

☆ In einem großen Topf die Butter zerlaufen lassen und darin das zerkleinerte Würzgemüse, die Petersilienstiele, das Lorbeerblatt und die Thymianzweige etwa 2–3 Minuten anschwitzen.

☆ Anschließend die gut abgetropften Fischgräten, die in dünne Scheiben geschnittene halbe Zitrone sowie die grob zerdrückten Pfefferkörner zufügen und weitere 2–3 Minuten anschwitzen.

☆ Danach mit dem trockenen Weißwein ablöschen, 2 Liter Wasser zugießen und zum Kochen bringen.

☆ Den sich bildenden Schaum von der Oberfläche abschöpfen und den Fond auf kleinster Flamme etwa 20 Minuten kochen lassen.

☆ Den Fischfond durch ein feines Sieb abseihen, erkalten lassen und bis zur Weiterverwendung zugedeckt in den Kühlschrank stellen.

Zubereitungsdauer: 40 Minuten.

Hinweis

*Damit der Fischfond einen reintönigen Geschmack
bekommt, müssen die Gräten von absolut fangfrischen
Fischen stammen.
Alle Fonds, die bei der Weiterverwendung nochmals
reduziert werden, sollen nicht gesalzen werden.*

Hummerfond

FOND DE HOMARD

Zutaten für etwa 1 l
1 kg Hummerschalen
50 g Butter
¼ l trockener Weißwein
(Luxemburger)
1 l Fischfond (siehe Seite 17)

Zubereiten
☆ Die Hummerschalen im Mörser zerstoßen.
☆ In einem weiten flachen Topf die Butter schmelzen und die zerstoßenen Hummerschalen zufügen. Unter Rühren etwa 5 Minuten anschwitzen.
☆ Anschließend mit dem Weißwein ablöschen und den Fischfond angießen. Aufkochen lassen und abschäumen.
☆ Auf kleiner Flamme etwa 20 Minuten sacht kochen lassen.
☆ Danach den Fond durch ein feines Sieb abpassieren. Mit dem Rükken der Schöpfkelle die Rückstände gut ausdrücken.
☆ Den Fond erkalten lassen und bis zur Weiterverwendung kühl aufbewahren.

Zubereitungsdauer: 35 Minuten.

Hinweis
Statt eines Luxemburger Weines kann man ebensogut
einen trockenen Riesling aus dem Elsaß verwenden.
Die Hummerschalen sollen über mittlerer Hitze
nur angeschwitzt und nicht geröstet werden, damit der
Fond nicht bitter wird.

Garnelenfond

FOND DE CREVETTES

Zutaten für etwa ½ l
300 g Schalen von frisch
abgekochten Garnelen oder
Nordseekrabben
50 g Karotten
50 g weiße Lauchabschnitte
50 g Staudensellerie
½ dl Erdnußöl
30 g doppelt konzentriertes
Tomatenmark
2 cl Cognac
6 dl Fischfond (siehe Seite 17)

Zubereiten
☆ Das geputzte Gemüse in feine Streifen schneiden.
☆ In einem mittelgroßen Topf das Öl erhitzen, die Garnelenschalen zufügen und unter Rühren 2—3 Minuten sautieren.
☆ Anschließend die Gemüsestreifen sowie das Tomatenmark einrühren und nochmals 2—3 Minuten dünsten.
☆ Mit dem Cognac übergießen und flambieren.
☆ Anschließend den Fischfond zugießen, zum Kochen bringen und abschäumen.
☆ Etwa 15 Minuten auf kleiner Flamme kochen lassen.
☆ Zuletzt durch ein feines Sieb gießen und dabei die Rückstände mit dem Rücken einer Kelle so gut wie möglich auspressen.
☆ Den Fond erkalten lassen und bis zur Weiterverwendung kühl stellen.

Zubereitungsdauer: 30 Minuten.

Krebs-Jus

JUS D'ÉCREVISSES

Zutaten für etwa 4 dl

1 kg Schalen von Flußkrebsen
je 100 g Karotten, Zwiebeln und
Staudensellerie
½ dl Erdnußöl
1 dl trockener Riesling
½ l Fischfond (siehe Seite 17)
2 kleine Thymianzweige
1 Lorbeerblatt
einige Petersilienstiele
5 Pfefferkörner

Zubereiten

☆ Die gesäuberten Schalen von abgekochten Krebsen im Mörser zerstoßen.

☆ Das gewaschene und abgetropfte Würzgemüse grob zerschneiden.

☆ In einem großen Topf das Erdnußöl stark erhitzen, die zerstoßenen Krebsschalen zufügen und etwa 3–4 Minuten unter ständigem Rühren anrösten.

☆ Danach die Hitze reduzieren, das Würzgemüse einstreuen und etwa 3–4 Minuten andünsten.

☆ Mit dem trockenen Riesling ablöschen und den Fischfond angießen. Anschließend die Thymianzweige, das Lorbeerblatt, die Petersilienstiele sowie die grob zerstoßenen Pfefferkörner einstreuen. Aufkochen und abschäumen.

☆ Über gelinder Hitze etwa 2 Stunden kochen lassen, dabei von Zeit zu Zeit mit einer Schaumkelle den Schaum von der Oberfläche abschöpfen.

☆ Den Jus zuerst durch ein normales Spitzsieb abseihen und dabei die Schalen kräftig ausdrücken. Anschließend den Jus nochmals durch ein feines Sieb gießen.

☆ Den Krebs-Jus erkalten lassen und im Kühlschrank bis zur Weiterverwendung aufbewahren.

Zubereitungsdauer: 20 Minuten und 2 Stunden Kochzeit.

Hinweis

Dieser Jus ist ein Aromakonzentrat, mit dem man Saucen wie etwa eine Béarnaise d'écrevisses (siehe Seite 34) anreichert und verfeinert. Um unliebsamen Überraschungen vorzubeugen, wird nicht der Jus, sondern erst die Sauce bei ihrer Fertigstellung gesalzen.

Kurzer Gemüsefond

PETITE NAGE DE LÉGUMES

Zutaten für 4 Personen
100 g weiße Lauchabschnitte
50 g Karotten
50 g Staudensellerie
25 g Butter
einige Petersilienstiele
1 kleines Lorbeerblatt
1 TL Branntweinessig
1 dl Wasser
etwas Salz

Zubereiten

☆ Das Würzgemüse in feine Streifen von etwa 4 cm Länge schneiden.

☆ In einem mittelgroßen Topf die Butter schmelzen, danach die Gemüsestreifen einstreuen. Einige Petersilienstiele sowie das Lorbeerblatt zufügen und alles unter Rühren etwa 3–4 Minuten anschwitzen.

☆ Anschließend den Branntweinessig und das Wasser zugießen und leicht salzen.

☆ Zum Kochen bringen und auf kleiner Flamme knappe 10 Minuten kochen lassen. Die Gemüsestreifen sollen knackig bleiben.

☆ Abkühlen lassen und die Petersilienstiele sowie das Lorbeerblatt herausnehmen.

☆ Den Gemüsefond bis zur Weiterverwendung zugedeckt in den Kühlschrank stellen.

Zubereitungsdauer: 30 Minuten.

Hinweis
Dieser »kurze« Gemüsefond (»kurz« bedeutet in der Küchensprache mit wenig Wasser zubereitet) wird hauptsächlich zum Pochieren von Fischen, zum Beispiel von Forellen (siehe Seite 77), verwendet.

Ausbackteig
PÂTE À FRIRE

Zutaten für 4 Personen
3 große Eier
70 g Weizenmehl
75 ml helles Bier
Salz

Zubereiten

☆ Die Eier trennen und das Mehl sieben.

☆ Das Eigelb mit dem gesiebten Mehl in einer Schüssel vermischen und eine Prise Salz zufügen.

☆ Nach und nach das Bier einrühren.

☆ In einer zweiten Schüssel das Eiweiß zu Schnee schlagen. Anschließend mit einem Holzspatel den Eischnee vorsichtig unter die Eigelbmasse heben.

Zubereitungsdauer: 10 Minuten.

Geflügel- oder Fischfarce

FARCE DE VOLAILLE OU DE POISSON

Zutaten für etwa 600 g
300 g Hühner- oder Fischfilet
1 Eiweiß von einem großen Ei
¼ l Sahne
Salz, frisch gemahlener
weißer Pfeffer

Zubereiten

☆ Das Geflügel- oder Fischfilet im Kühlschrank gut durchkühlen. Danach zwei- bis dreimal durch die feine Scheibe des Fleischwolfs treiben, um es möglichst fein zu zerkleinern.

☆ Das zerkleinerte Fleisch in eine mittelgroße Schüssel geben und auf Eis setzen, das heißt in eine größere, mit zerstoßenem Eis zur Hälfte gefüllte Schüssel stellen.

☆ Das Eiweiß zufügen und mit einem Holzlöffel — Holz emulgiert — in die Fleischmasse einarbeiten.

☆ Die Masse etwa 2—3 Minuten kräftig durchschlagen, damit sie glatt wird und Stand bekommt. Zugedeckt in den Kühlschrank geben und etwa 1 Stunde durchkühlen.

☆ Anschließend die Masse wieder auf Eis setzen und — wieder mit dem Holzlöffel — die eiskalte Sahne nach und nach einarbeiten. Dabei muß die Masse beständig kräftig durchgeschlagen werden.

☆ Zum Schluß mit Salz und frisch gemahlenem weißem Pfeffer würzen und bis zur Weiterverwendung zugedeckt kühl stellen.

Zubereitungsdauer: 20 Minuten und 1 Stunde ruhen lassen.

Hinweis

Eine Fischfarce wird auf die gleiche Art zubereitet. Man verarbeitet dazu die Filets von festfleischigen fangfrischen Fischen, vorzugsweise vom Hecht, jedoch auch vom Steinbutt oder Glattbutt.

Das Abkochen von Hummern oder Langusten

CUISSON DE HOMARDS OU DE LANGOUSTES

Zutaten für 2 Hummer oder
2 Langusten von je etwa 500 g
3 ½ l Wasser
250 g Zwiebeln
125 g Bleichsellerieblätter
3 dl sehr trockener Weißwein
(Luxemburger oder Sauvignon)
1 Lorbeerblatt
2 Thymianzweige
1 Messerspitze Cayennepfeffer
reichlich frisch gemahlener
weißer Pfeffer
1 EL Meersalz

Zubereiten

☆ Das Wasser in einem großen Topf zum Kochen bringen.

☆ Die in feine Ringe geschnittenen Zwiebeln, die grob zerschnittenen Sellerieblätter, das Lorbeerblatt und den Thymian zufügen. Den Weißwein zugießen und mit 1 Messerspitze Cayennepfeffer, reichlich frisch gemahlenem weißem Pfeffer sowie 1 Eßlöffel Meersalz würzen.

☆ Nach dem Aufkochen den Sud noch weitere 5 Minuten zugedeckt über reduzierter Hitze ziehen und erst kurz vor dem Einlegen der Hummer wieder sprudelnd kochen lassen.

☆ Inzwischen die Hummer oder die Langusten unter fließendem Wasser gründlich abspülen. Erst danach bei den Hummern die Gummibänder, mit denen die Scheren zusammengehalten sind, mit einem kleinen scharfen Messer durchtrennen, dabei den Körper von oben mit der Hand festhalten.

☆ Die Hummer oder die Langusten nacheinander — mit dem Kopfteil zuerst — in den kräftig kochenden Sud geben. Zugedeckt so schnell wie möglich wieder zum Kochen bringen. Über mäßiger Hitze so lange weiterkochen, wie unten angegeben ist. Die Garzeiten gelten vom erneuten Aufkochen an.

☆ Nach Ende der Garzeit läßt man die Krustentiere aufgedeckt in ihrem Sud erkalten, dadurch bleiben sie saftig und verlieren nichts von ihrem Aroma.

☆ Sollen die Krustentiere sofort heiß serviert werden, so gart man sie 1−2 Minuten länger.

☆ Die Garzeit hängt vom Gewicht ab. Dabei muß man berücksichtigen, daß Langusten vom gleichen Gewicht jeweils ½ Minute länger gegart werden müssen.

☆ Die Garzeiten für europäische Hummer betragen:

300 g — 6 Minuten
400 g — 7½ Minuten
500 g — 9 Minuten
600 g — 10 Minuten
700 g — 12 Minuten
800 g — 13 Minuten
900 g — 16 Minuten
  1 kg — 16 Minuten

Pierre und Marie-Thérèse Wynants vor ihrem Restaurant

Die schwungvolle Ornamentik des *art nouveau*
als dekoratives Leitmotiv des Interieurs

Pierre Wynants in seiner hochmodernen Küche
inmitten seiner weißen und schwarzen Brigade

Die stilvolle Eleganz des Restaurants – ein angemessener Hintergrund
für das kulinarische Raffinement von Küche und Keller

Kalte Saucen

Einfache Vinaigrette

Vinaigrette mit Walnußöl

Vinaigrette mit Apfelessig

Vinaigrette mit Sherryessig

Kräutervinaigrette

Pikante Spinatsauce

Sauce von Tomaten und rotem Paprika

Kresse-Mousse

Einfache Vinaigrette

VINAIGRETTE NORMALE

Zutaten für 4 Personen
5 EL Erdnußöl
1 EL Branntweinessig
1 gestr. TL mittelscharfer Senf
Salz, frisch gemahlener
weißer Pfeffer

Zubereiten
☆ Den Senf mit dem Essig verrühren. Nach und nach das Öl mit dem Schneebesen einrühren. Zum Schluß mit Salz und frisch gemahlenem weißem Pfeffer abschmecken.
☆ Statt Erdnußöl kann auch ein anderes geschmacksneutrales feines Speiseöl verwendet werden.

Vinaigrette mit Walnußöl

VINAIGRETTE À L'HUILE DE NOIX

Zutaten für 4 Personen
4½ EL Walnußöl
1½ EL Weißweinessig
1 gestr. TL mittelscharfer Senf
Salz, frisch gemahlener
weißer Pfeffer

Zubereiten
☆ Den Senf mit dem Weißweinessig verrühren. Nach und nach das Öl mit dem Schneebesen einschlagen. Danach mit Salz und frisch gemahlenem weißem Pfeffer abschmecken.

Vinaigrette mit Apfelessig

VINAIGRETTE AU VINAIGRE DE CIDRE

Zutaten für 4 Personen
4 EL Erdnußöl
2 EL Walnußöl
2 EL Apfelessig
1 Prise Curry
Salz, frisch gemahlener
weißer Pfeffer

Zubereiten

☆ Mit dem Schneebesen die beiden Öle mit dem Apfelessig verrühren. Mit einer Prise Curry, etwas Salz und frisch gemahlenem weißem Pfeffer abschmecken. – Man soll den Curry schmecken, er darf jedoch nicht dominieren.
Statt Erdnußöl kann auch ein anderes geschmacksneutrales feines Speiseöl verwendet werden.

Vinaigrette mit Sherryessig

VINAIGRETTE AU VINAIGRE DE XÉRÈS

Zutaten für 4 Personen
5 EL Erdnußöl
2 EL Sherryessig
1 gestr. TL mittelscharfer Senf
Salz, frisch gemahlener
weißer Pfeffer

Zubereiten

☆ Den Senf mit dem Sherryessig verrühren. Nach und nach das Öl mit dem Schneebesen einrühren. Zuletzt mit Salz und frisch gemahlenem weißem Pfeffer abschmecken.

Kräutervinaigrette

VINAIGRETTE EN VERDURE

Zutaten für 4 Personen
12 Schnittlauchröhrchen
2 kleine Lauchzwiebeln
30 g Petersilie
30 g entstielte Spinatblätter
60 g Gartenkresse
1 dl einfache Vinaigrette
(siehe Seite 26)
Salz, frisch gemahlener
weißer Pfeffer

Zubereiten

☆ Die Kräuter waschen und gründlich abtropfen lassen.
☆ Die Vinaigrette mit den grob zerschnittenen Kräutern im Mixer — oder mit dem Schneid-Mix-Stab — zu einer homogenen Sauce mischen.

Zubereitungsdauer: 10 Minuten für das Vorbereiten der Kräuter, 3 Minuten für das Mischen der Sauce.

Hinweis

Diese angenehm frische Sauce sollte erst kurz vor dem Servieren fertiggestellt werden, da die Kräuter im Kontakt mit der Säure schnell ihre grüne Farbe und auch ihr Aroma verlieren.
Man kann diese Sauce abwandeln, indem man statt der oben angegebenen Kräuter frische Melisse oder frische Pfefferminze verwendet.

Pikante Spinatsauce

SAUCE FROIDE AUX ÉPINARDS

Zutaten für 4 Personen
1 dl einfache Vinaigrette
(siehe Seite 26)
50 g pochiertes Kalbshirn
(siehe Seite 58)
80 g entstielte Spinatblätter
Salz, frisch gemahlener Pfeffer

Zubereiten
☆ Die Vinaigrette wird mit dem pochierten Kalbshirn und den gewaschenen, gut abgetropften Spinatblättern im Mixer zu einer homogenen Sauce durchmischt.

☆ Sollte die Sauce zu dickflüssig sein, kann man sie mit etwas Wasser verlängern, bevor man sie mit Salz und frisch gemahlenem Pfeffer abschmeckt.

Zubereitungsdauer: 10 Minuten.

Hinweis
Diese pikante Sauce kann man statt einer Mayonnaise zu verschiedenen kalten Gerichten reichen.

Sauce von Tomaten und rotem Paprika

SAUCE FROIDE À LA TOMATE FRAÎCHE ET POIVRONS DOUX

Zutaten für 4 Personen
1 dl einfache Vinaigrette
(siehe Seite 26)
500 g vollreife Tomaten
75 g rote Paprikaschote
Salz, frisch gemahlener
weißer Pfeffer

Zubereiten

☆ Die Tomaten überbrühen, kalt abschrecken und die Haut abziehen. Danach halbieren, die Kerne ausdrücken und das Tomatenfleisch in kleine Würfel schneiden.

☆ Die Paprikaschote etwa 2–3 Minuten in kochendes Wasser tauchen, herausheben, kalt abschrecken und schälen. Anschließend 75 g Fruchtfleisch abnehmen und grob zerschneiden.

☆ Das zerkleinerte Tomaten- und Paprikafruchtfleisch zusammen mit der Vinaigrette im Mixer zu einer homogenen Sauce pürieren.

☆ Mit Salz und frisch gemahlenem weißem Pfeffer abschmecken und durch ein feines Sieb passieren.

☆ Bis zum Servieren kühl stellen, jedoch nicht im Kühlschrank aufbewahren.

Zubereitungsdauer: 15 Minuten.

Hinweis

Diese aromatische Sauce eignet sich vorzüglich für kalte
Gerichte von Fisch und Meeresfrüchten.

Kresse-Mousse

MOUSSE DE CRESSONNETTE

Zutaten für 4 Personen
125 g Gartenkresse
100 g Gelée de bœuf
(siehe Seite 15)
1 dl Sahne
Saft von ½ Zitrone
Salz, frisch gemahlener
weißer Pfeffer

Zubereiten
☆ Von den Stielen der Gartenkresse etwa 2 cm wegschneiden. Die Kresse gründlich waschen und abtropfen lassen.

☆ Das Gelée de bœuf in einem kleinen Tiegel über gelinder Hitze schmelzen, aber nicht heiß werden lassen.

☆ Zusammen mit der Kresse im Mixer etwa 2 Minuten lang durchmischen.

☆ Anschließend in eine Schüssel umgießen und mit dem Schneebesen die Sahne sowie den Zitronensaft einschlagen.

☆ Mit Salz und frisch gemahlenem weißem Pfeffer abschmecken.

☆ Zugedeckt in den Kühlschrank geben, wo die Mousse in etwa 1 Stunde fest wird.

Zubereitungsdauer: 12 Minuten und 1 Stunde kühlen.

Hinweis
Falls man den scharfen Geschmack der Kresse mildern möchte, kann man etwa 50 g Kresse durch die gleiche Menge Kerbel ersetzen.
Kresse-Mousse ist eine ausgezeichnete Beilage zu kalten Braten oder zu Sülzen.

Warme Saucen

Béarner Sauce mit Krebsschwänzen

Schalottensauce

Süß-saure Sauce nach orientalischer Art

Braune Orangensauce

Schnelle Kräutersauce

Tomatensauce

Fruchtige Tomatensauce

Feine Pfeffersauce zu Wild

Béarner Sauce mit Krebsschwänzen

BÉARNAISE D'ÉCREVISSES

Zutaten für 4 Personen
20 Estragonblättchen
5 g gezupfter Kerbel
1 vollreife Tomate
130 g Butter
3 Eigelb
3 EL Krebs-Jus
(siehe Seite 20)
1½ EL trockener Weißwein (Loire)
1 TL Estragonessig
8 Krebsschwänze (siehe Seite 46)
Salz, frisch gemahlener Pfeffer

Zubereiten

☆ Die Estragonblättchen sowie den von den Stielen gezupften Kerbel fein zerschneiden.

☆ Die vollreife Tomate brühen, kalt abschrecken, abziehen und halbieren. Die Kerne ausdrücken und das Fruchtfleisch würfeln.

☆ In einem kleinen Topf 10 g Butter zerlaufen lassen und darin die Tomatenwürfel über lebhaftem Feuer schmelzen. Anschließend warm halten.

☆ In einem Pfännchen die restliche Butter zerlaufen lassen, abschäumen und warm halten.

☆ Die 3 Eigelb in einer mittelgroßen Kasserolle mit dem Krebs-Jus, dem Weißwein sowie dem Estragonessig verrühren und mit Salz und frisch gemahlenem Pfeffer würzen. Über mittlerer Hitze mit dem Schneebesen zu einer bindenden Sauce aufschlagen — keinesfalls zum Kochen bringen, da die Sauce sonst gerinnt.

☆ Sobald die Sauce bindet, abseits vom Feuer die noch flüssige Butter nach und nach — wie bei einer Mayonnaise — mit dem Schneebesen einschlagen.

☆ Anschließend die geschmolzene Tomate und die fein geschnittenen Kräuter einrühren. Nochmals mit Salz, frisch gemahlenem weißem Pfeffer und eventuell mit etwas Estragonessig abschmecken.

☆ Die bereits abgekochten und aus den Schalen gebrochenen Krebsschwänze — je nach Größe — halbieren oder dritteln und in die Béarnaise geben.

☆ Die Sauce bis zum Servieren im Wasserbad warm halten.

Zubereitungsdauer: 20 Minuten.

Hinweis
Diese Béarnaise ist eine raffinierte Sauce zum provenzalischen Stubenküken (Rezept Seite 147f.). Sie eignet sich aber auch vorzüglich zu gegrilltem Fisch.

Schalottensauce

SAUCE À L'ÉCHALOTE

Zutaten für 4 Personen
100 g fein geschnittene Schalotten
75 g Butter
2 dl trockener Weißwein
(Loire oder Elsässer)
1 dl Geflügelfond (siehe Seite 12)
1 dl Kalbsfond (siehe Seite 13)
3 kleine Thymianzweige
Salz, frisch gemahlener Pfeffer

Zubereiten

☆ In einer mittelgroßen Kasserolle die fein geschnittenen Schalotten in 25 g Butter etwa 2–3 Minuten anschwitzen, ohne Farbe zu geben. Danach mit dem Weißwein ablöschen und den Geflügelfond angießen. Zum Kochen bringen und auf die Hälfte einkochen lassen.

☆ In diese Reduktion den Kalbsfond gießen und den frischen Thymian einstreuen. Nochmals zum Kochen bringen und auf kleiner Flamme etwa 10 Minuten ziehen lassen. Anschließend durch ein feines Sieb seihen.

☆ Die restliche Butter flockenweise mit dem Rührbesen einschwenken. Die Sauce nochmals mit Salz und frisch gemahlenem Pfeffer abschmecken.

Zubereitungsdauer: 30 Minuten.

Hinweis
Die Schalottensauce kann zu jeglicher Art von Fleisch oder
Geflügel gereicht werden.

Süß-saure Sauce nach orientalischer Art

SAUCE AIGRE-DOUCE À L'ORIENTALE

Zutaten für 4 Personen
1 kleine rote Paprikaschote
1 grüner Apfel (Granny Smith)
1 dl Wasser
130 g feiner Kristallzucker
4 EL Himbeeressig
etwas Salz

Zubereiten

☆ Die Paprikaschote halbieren, den Stielansatz und die Samen entfernen.

☆ Die Paprikahälften 3−4 Minuten in kochendes Wasser legen. Herausheben, abkühlen lassen und abziehen. Etwa 60 g Fruchtfleisch abnehmen und in kleine Stücke schneiden.

☆ Den Apfel schälen, das Kerngehäuse entfernen und das Fruchtfleisch in kleine Würfel schneiden.

☆ Die Apfel- und Paprikawürfel in eine Kasserolle geben und das Wasser, den Zucker sowie den Himbeeressig zufügen. Zum Kochen bringen und knappe 10 Minuten über gelinder Hitze kochen lassen.

☆ Anschließend im Mixer pürieren. Danach durch ein feines Sieb treiben und mit etwas Salz abschmecken.

Zubereitungsdauer: 30 Minuten.

Hinweis
Sollte diese Sauce zu dick geraten sein, kann man sie ohne weiteres mit etwas Wasser verlängern. Sie ist eine vorzügliche Beilage zu Fritiertem und zu Grillgerichten.

Braune Orangensauce

SAUCE BRUNE À L'ORANGE

Zutaten für 4 Personen

15 g feiner Kristallzucker
1 EL Wasser
1 EL Himbeeressig
1 dl frisch gepreßter Orangensaft
Saft von ½ Zitrone
1 EL Curaçao-Likör
2 dl Kalbsfond (siehe Seite 13)
25 g Butter

Zubereiten

☆ In einer mittelgroßen Kasserolle den Zucker mit 1 Eßlöffel Wasser zu einem »blonden« Karamel kochen. Dabei die Masse ständig mit einem Holzlöffel rühren. Abseits vom Feuer mit dem Himbeeressig ablöschen.

☆ Anschließend den Orangen- und den Zitronensaft, den Curaçao-Likör sowie den Kalbsfond zugießen. Zum Kochen bringen und 2 Minuten kochen lassen.

☆ Abseits vom Feuer die kalte Butter flockenweise einschwenken.

☆ Die Sauce durch ein feines Sieb passieren und zur Weiterverwendung bereithalten. Erst dann wird sie gesalzen.

Zubereitungsdauer: 15 Minuten.

Hinweis

Diese pikante Sauce paßt zu allen Arten von gebratenem Geflügel: Hähnchen, Perlhuhn, Wachteln, Enten sowie zu Geflügelleber.
Man fügt dieser Sauce dann den entfetteten Bratenjus zu und kann sie nach Belieben mit einigen Orangen-, Pfirsich-, Nektarinen- oder Mangowürfeln anreichern.
Außerdem können blanchierte feine Streifchen von Orangen- oder Zitronenschale zugefügt werden.

Schnelle Kräutersauce

SAUCE RAPIDE AUX FINES HERBES

Zutaten für 4 Personen
5 g gezupfter Kerbel
5 g gezupfte Blattpetersilie
12 Schnittlauchröhrchen
2 kleine Lauchzwiebeln
75 g Butter
2 dl Sahne
Saft von 1 Zitrone
Salz, frisch gemahlener
weißer Pfeffer

Zubereiten

☆ Die gewaschenen und gut abgetropften Kräuter sowie die beiden Lauchzwiebeln sehr fein schneiden. Falls sie nicht sofort verwendet werden, mit Klarsichtfolie abdecken.

☆ In einem kleinen Tiegel die Butter zerlaufen lassen.

☆ Die Sahne in einer mittelgroßen Kasserolle zum Kochen bringen und 2 Minuten kochen lassen. Anschließend die Butter nach und nach mit einem Schneebesen einarbeiten.

☆ Zum Schluß mit dem Zitronensaft, Salz und frisch gemahlenem weißem Pfeffer abschmecken und die fein geschnittenen Kräuter einrühren. Sofort servieren.

Zubereitungsdauer: 12 Minuten.

Hinweis
Diese sehr schnell zubereitete Kräutersauce schmeckt köstlich zu pochierten Süßwasserfischen.

Tomatensauce

SAUCE À LA TOMATE

Zutaten für 4 Personen

500 g Tomaten
25 g Butter
75 g gewürfelte Zwiebeln
30 g fein gewürfelte Karotten
15 g gewürfelte Knollensellerie
30 g Tomatenmark
1 kleiner Thymianzweig
1 Lorbeerblatt
2 dl Geflügelfond (siehe Seite 12)
Salz

Zubereiten

☆ Den Stielansatz der Tomaten mit einem spitzen Messer herausschneiden. Die Tomaten überbrühen, mit kaltem Wasser abschrecken und abziehen. Halbieren, die Kerne herausdrücken und das Fruchtfleisch würfeln.

☆ In einem nicht zu großen Topf die Butter zerlaufen lassen und darin die Gemüsewürfel etwa 3–4 Minuten anschwitzen.

☆ Anschließend die Tomatenwürfel, das Tomatenmark, den Thymian, das Lorbeerblatt sowie etwas Salz zufügen und einige Augenblicke dünsten.

☆ Danach den Geflügelfond angießen. Zum Kochen bringen und über gelinder Hitze etwa 30 Minuten kochen lassen.

☆ Die Sauce vom Herd nehmen und leicht abkühlen lassen. Den Thymianzweig sowie das Lorbeerblatt herausnehmen.

☆ Die Sauce in den Mixer geben und etwa 2 Minuten auf höchster Stufe durchmischen.

☆ Zuletzt durch ein feines Sieb streichen und zur Weiterverwendung bereithalten.

Zubereitungsdauer: 20 Minuten und 30 Minuten Kochzeit.

Hinweis

*Nach Belieben kann man etwas Knoblauch zufügen und
– falls die Tomaten zuviel Säure haben – auch eine
Prise Zucker.*

Fruchtige Tomatensauce

SAUCE À LA TOMATE D'UNE AUTRE FAÇON

Zutaten für etwa ½ l
2 kg vollreife Tomaten
100 g Zwiebeln
20 g Butter
4 kleine Thymianzweige
Salz

Zubereiten

☆ Die Tomaten vorbereiten, wie im vorangegangenen Rezept beschrieben. Die angegebene Menge ergibt etwa 1 kg Fruchtfleisch.

☆ Die Zwiebeln schälen und in kleine Würfel schneiden.

☆ In einem mittelgroßen Topf die Butter zerlaufen lassen und darin die Zwiebelwürfel anschwitzen, ohne Farbe zu geben.

☆ Danach das kleingeschnittene Tomatenfruchtfleisch einrühren, den Thymian und etwas Salz zufügen.

☆ Unter Rühren aufkochen und über gelinder Hitze etwa 30 Minuten weiterkochen lassen.

☆ Vom Herd nehmen und den Thymianzweig entfernen.

☆ Im Mixer 2 Minuten auf höchster Stufe mischen und anschließend durch ein feines Sieb passieren.

Zubereitungsdauer: 15 Minuten und 30 Minuten Kochzeit.

Hinweis

Auch diese leichte und fruchtige Tomatensauce kann man
mit etwas Knoblauch und einer Prise Zucker abrunden.

Feine Pfeffersauce zu Wild

POIVRADE ROYALE

Zutaten für etwa ¾ l

500 g Wildfleischabschnitte
(je nach Gericht vom Reh,
Wildschwein oder Hasen)
7 dl kräftiger Rotwein
(junger Bordeaux)
600 g Gemüsezwiebeln
75 g Schalotten
100 g Karotten
50 g Knollensellerie
3 cl Olivenöl
50 g Butter
7 cl Rotweinessig
2 kleine Thymianzweige
2 Lorbeerblätter
2 Knoblauchknollen
3 dl Weißwein (junger Burgunder)
½ l Geflügelfond (siehe Seite 12)
½ l Kalbsfond (siehe Seite 13)
5 g grob zerstoßene Pfefferkörner
Salz

Zubereiten

☆ Die Wildfleischabschnitte mit dem Rotwein übergießen und etwa 3 Stunden kühl gestellt, jedoch nicht im Kühlschrank, marinieren.

☆ Das gesäuberte Würzgemüse — Zwiebeln, Schalotten, Karotten und Knollensellerie — grob schnitzeln und in einer großen Kasserolle in Olivenöl über mittlerer Hitze etwa 10 Minuten dünsten, jedoch nicht anbräunen.

☆ Unterdessen die Wildfleischabschnitte aus der Marinade heben und gründlich abtropfen lassen. Die Marinade aufbewahren.

☆ In einem Bräter über großer Flamme die Hälfte der Butter erhitzen und darin die abgetropften Wildfleischabschnitte von allen Seiten gut anbräunen. Anschließend herausheben und zu dem gedünsteten Würzgemüse geben.

☆ Den Bratensatz im Bräter mit dem Rotweinessig ablöschen und ebenfalls in die Kasserolle zu den Wildfleischabschnitten schütten.

☆ Danach den Thymian, die Lorbeerblätter sowie die geschälten und halbierten Knoblauchknollen zufügen. Die Marinadeflüssigkeit, den Weißwein, den Kalbs- und den Geflügelfond zugießen und ganz wenig salzen.

☆ Diesen Fond nun zum Kochen bringen, abschäumen und über gelinder Hitze etwa 3 Stunden kochen lassen, dabei wiederholt abschäumen.

☆ Erst gegen Ende der Kochzeit die grob zerstoßenen Pfefferkörner einstreuen.

☆ Den Saucenfond noch weitere 15 Minuten ziehen lassen, bevor er durch ein Spitzsieb in einen sauberen Topf abpassiert wird.

☆ Wieder zum Kochen bringen und auf etwa ¾ Liter reduzieren.

☆ Danach die Sauce durch ein feines Sieb gießen und die restliche kalte Butter flockenweise einschwenken. Mit etwas Salz abschmecken.

Zubereitungsdauer: 30 Minuten vorbereiten, 3 Stunden marinieren, 3 Stunden 30 Minuten Kochzeit.

Hinweis

Dies ist eine verfeinerte und sehr aromatische Version der klassischen Pfeffersauce zu Wild. Der Wein, der dafür verwendet wird, muß von guter Qualität sein — je besser der Wein, desto besser die Sauce.

Suppen

Bouillon mit Rinderbruststreifen und Kerbel

Geflügelcremesuppe mit Lauch und Portulak

Geeiste Kraftbrühe von Flußkrebsen

Muschelcremesuppe mit Sauerampfer

Gemüsebrühe nach Art von Maman Simone

Bouillon mit Rinderbruststreifen und Kerbel

BOUILLON DE POITRINE DE BŒUF AU CERFEUIL

Zutaten für 8 Personen

1 kg Rinderknochen
1 kg Markknochen
250 g Rinderbrust
3½ l Wasser
400 g Karotten
250 g grüne Lauchabschnitte
300 g weiße Lauchabschnitte
150 g Blätter von Staudensellerie
150 g Stangen von Bleichsellerie
500 g Gemüsezwiebeln
2 Thymianzweige
2 Lorbeerblätter
30 g Butter
20 g Salz
frisch gemahlener weißer Pfeffer

Zubereiten

☆ In einem großen Topf die gut gewaschenen Rinderknochen, die Markknochen und die Rinderbrust mit 3½ Liter kaltem Wasser ansetzen, zum Kochen bringen und abschäumen.

☆ Anschließend 20 g Salz, 250 g Karotten, 250 g grüne Lauchabschnitte, 150 g Sellerieblätter, 500 g Gemüsezwiebeln, die beiden Thymianzweige und die 2 Lorbeerblätter zufügen.

☆ Auf kleiner Flamme kochen lassen, dabei von Zeit zu Zeit abschäumen.

☆ Nach etwa 1 Stunde Kochzeit die Rinderbrust herausnehmen. Die Brühe noch 2 Stunden weiterkochen.

☆ Inzwischen die restlichen 150 g Karotten in kleine Würfel, die weißen Lauchabschnitte in feine Streifen und die Selleriestangen in dünne Scheiben schneiden.

☆ Die Butter erhitzen und darin das fein zerschnittene Gemüse über gelinder Hitze etwa 3 Minuten anschwitzen. Etwas Brühe angießen und das Gemüse weich − aber noch mit Biß − garen.

☆ Inzwischen das Fett von der gegarten Rinderbrust abschneiden und das Fleisch in ebenso kleine Würfel wie das Gemüse schneiden und mit diesem vermengen.

☆ Nach Ende der Kochzeit die Bouillon durch ein feines Sieb gießen und entfetten.

☆ Danach die Gemüse- und Fleischwürfel in die Bouillon einlegen.

☆ Die Bouillon nochmals erhitzen, mit Salz und nach Belieben mit frisch gemahlenem weißem Pfeffer abschmecken.

☆ Erst unmittelbar vor dem Servieren den Kerbel fein zerschneiden und in die Bouillon einstreuen, damit sein Aroma nicht verfliegt.

Zubereitungsdauer: 1 Stunde und 3 Stunden Kochzeit.

Hinweis

Wenn man möchte, kann man das Mark aus den Knochen lösen und auf kleine getoastete Weißbrotscheiben legen. Mit Salz und grob gemahlenem Pfeffer würzen, kurz unter den Grill legen und heiß zur Bouillon servieren.

Geflügelcremesuppe mit Lauch und Portulak

POTAGE DE VOLAILLE AUX POIREAUX ET AU POURPIER D'ÉTÉ

Zutaten für etwa 3 l

500 g weiße Lauchabschnitte
100 g geschälte Kartoffeln
30 g Butter
2 l Wasser
1 küchenfertiges Hühnchen von 1 kg
500 g Geflügelhälse
3 große Eigelb
3 dl Sahne
100 g Portulak
Salz, frisch gemahlener weißer Pfeffer

Zubereiten

☆ Die weißen Lauchabschnitte in feine Streifen, die geschälten Kartoffeln in etwa 1 cm große Würfel schneiden.

☆ In einem großen Topf die Butter erhitzen und darin die Lauchstreifen etwa 3 Minuten anschwitzen.

☆ Anschließend die gewürfelten Kartoffeln einstreuen und das gut abgespülte Hühnchen sowie die Geflügelhälse einlegen. 2 Liter Wasser angießen, etwas salzen und zum Kochen bringen. Zugedeckt 1 Stunde über gelinder Hitze kochen lassen.

☆ Nach 30 Minuten das Hühnchen herausnehmen und leicht abkühlen lassen. Das Brustfleisch auslösen, von der Haut befreien und in etwa 5 mm große Würfel schneiden. Den Rest des Hühnchens für ein anderes Gericht — etwa einen Geflügelsalat — verwenden.

☆ Nach Ende der Kochzeit die Hühnerhälse mit einer Schaumkelle aus der Brühe heben, ohne dabei das Gemüse herauszunehmen.

☆ Die Brühe samt dem Gemüse in den Mixer geben, etwa 2 Minuten pürieren und anschließend durch ein Sieb in einen sauberen Topf passieren.

☆ Danach das Eigelb mit der Sahne verrühren und diese Liaison leicht salzen und pfeffern.

☆ Die durchpassierte Suppe wieder zum Kochen bringen. Sollte sie zu dick sein, wird sie mit etwas Wasser verdünnt.

☆ Nach dem Wiederaufkochen die Liaison abseits vom Feuer mit einem Schneebesen in die Suppe einrühren. — Nicht mehr kochen lassen, damit die Suppe nicht ausflockt. Mit Salz und frisch gemahlenem weißem Pfeffer abschmecken.

☆ Anschließend die warm gehaltenen Fleischwürfel sowie die fein geschnittenen Portulakblätter einstreuen. Die Cremesuppe sehr heiß servieren.

Zubereitungsdauer: 25 Minuten und 1 Stunde Kochzeit.

Hinweis

Falls man mehr Suppe hat, als man servieren möchte, so wird nur die im Augenblick benötigte Menge gebunden.
Man braucht dann entsprechend weniger Liaison: 1 großes Eigelb verquirlt mit 1 dl Sahne bindet 1 Liter Suppe.

Geeiste Kraftbrühe von Flußkrebsen

CONSOMMÉ GLACÉ D'ÉCREVISSES

Zutaten für 8 Personen

5 kg Flußkrebse (vorzugsweise
Pattes rouges)
50 g weiße Lauchabschnitte
50 g Staudensellerie
50 g Karotten
3 Eiweiß
50 g doppelt konzentriertes
Tomatenmark
9 Stengel Zitronengras
2 Thymianzweige
2 Lorbeerblätter
2 l Geflügelfond (siehe Seite 12)
1½ Blatt Gelatine (etwa 3,5 g)
1 feste rote Tomate
¼ Gurke
¼ Melone
10 g kandierter Ingwer
Salz, frisch gemahlener Pfeffer
64 Estragonblättchen und etwa
20 Himbeeren als Garnitur

Zubereiten

☆ Die Krebse mit einer Bürste unter fließendem Wasser reinigen. In einem großen Topf reichlich gesalzenes Wasser zum Kochen bringen. Jeweils 3 Krebse mit dem Kopf zuerst in das sprudelnde Wasser werfen. Mit dem Deckel fest zudecken und die Krebse je nach Größe 1, 2 oder 3 Minuten abkochen, danach mit einer Schaumkelle aus dem Sud heben. Leicht abkühlen lassen und den Darm entfernen, indem man die mittlere Schwanzschuppe und den daranhängenden Darm herausdreht. Die Schwänze vom Kopf-Brust-Stück abdrehen und das Schwanzfleisch auslösen. In eine Schüssel geben und mit Frischhaltefolie abdecken.

☆ Die weißen Lauchabschnitte, den Sellerie sowie die Karotten in feine Streifen schneiden.

☆ In einem mittelgroßen Topf die 3 Eiweiß kräftig mit dem Schneebesen verrühren, jedoch nicht zu Schnee schlagen. Anschließend mit dem Tomatenpüree vermischen und das fein geschnittene Gemüse, das in Stücke gebrochene Zitronengras, die beiden Thymianzweige und die Lorbeerblätter zufügen.

☆ Inzwischen den Geflügelfond zum Kochen bringen. Nach dem Aufkochen, zuerst vorsichtig, dann zügiger, den Fond auf das Eiweiß-Gemüse-Gemisch, die sogenannte Klärmasse, schütten. Leicht salzen, etwas pfeffern und unter ständigem Rühren noch einmal bis knapp zum Siedepunkt erhitzen. Wenn die Klärmasse sich an der Oberfläche abzusetzen beginnt, nicht mehr weiterrühren, sondern den Fond noch etwa 15 Minuten auf kleiner Flamme ziehen lassen. Der Fond wird geklärt, indem alle Trübungspartikel von der Klärmasse umschlossen werden und mit dieser zur Oberfläche steigen.

☆ Unterdessen die Gelatine in kaltem Wasser einweichen, nach etwa 5 Minuten herausnehmen und ausdrücken.

☆ Mit einer Kelle den geklärten Fond vorsichtig durch ein mit einem feuchten Passiertuch ausgelegtes Sieb seihen. Die Gelatine in dem heißen Fond auflösen und diesen nochmals gut abschmecken. Danach durch ein feines Sieb gießen, abkühlen und über Nacht im Kühlschrank leicht gelieren lassen.

☆ Kurz vor dem Anrichten das Tomaten-, das Gurken- und das Melonenfruchtfleisch in kleine, etwa ½ cm große Würfel schneiden und den kandierten Ingwer fein hacken.

Anrichten

☆ Acht tiefe Teller zuerst mit den Ingwerwürfeln leicht ausreiben, damit sich das Aroma gut verteilt. Danach die übrigen Gemüse- und Fruchtwürfel in die Teller geben und darüber die ausgebrochenen Krebsschwänze verteilen.

☆ Mit der leicht gelierenden Krebsconsommé überziehen, die sich leichter verarbeiten läßt, wenn man sie eine Weile vorher aus dem Kühlschrank nimmt und von Zeit zu Zeit mit einem Kochlöffel durchrührt.

☆ Die geeiste Consommé mit je 8 Estragonblättchen und einigen zerzupften Himbeeren garnieren. Sofort servieren.

Zubereitungsdauer: etwa 2 Stunden.

Hinweis

Die Himbeeren sind nicht nur als Garnitur gedacht, sondern sie harmonieren im Geschmack auch hervorragend mit dem Zitronengras und dem Ingwer.
Man sollte sich die Mühe machen und auch das zarte Scherenfleisch der Krebse ausbrechen, mit dem man anschließend einen kleinen Vorspeisensalat oder eine Sauce garnieren kann.

Muschelcremesuppe mit Sauerampfer

CRÈME DE MOULES À L'OSEILLE

Zutaten für 8 Personen

1½ kg Pfahlmuscheln
200 g Zwiebeln
200 g Bleichsellerieblätter
75 g Butter
150 ml trockener Weißwein (Loire)
¾ l Wasser
3 Eiweiß
100 g doppelt konzentriertes
Tomatenmark
2 Thymianzweige
2 Lorbeerblätter
120 g entstielte Sauerampferblätter
4 große Eigelb
⅛ l Sahne
Saft von 1 Zitrone
Salz, frisch gemahlener
weißer Pfeffer

Zubereiten

☆ Die Muscheln unter fließendem Wasser gründlich abbürsten, danach abtropfen lassen. Muscheln, die sich nicht schließen oder auf der Wasseroberfläche schwimmen, entfernen.

☆ Von den Zwiebeln etwa 150 g abnehmen und fein würfeln. Etwa 150 g Sellerieblätter in feine Streifen schneiden.

☆ In einem flachen weiten Topf 50 g Butter schmelzen und darin das zerkleinerte Würzgemüse etwa 3 Minuten anschwitzen.

☆ Anschließend die gesäuberten Muscheln in einer Schicht darüberlegen, den Weißwein angießen und das Ganze mit etwas frisch gemahlenem weißem Pfeffer bestreuen.

☆ Zugedeckt zum Kochen bringen und 2−3 Minuten kochen lassen, dabei den Topf von Zeit zu Zeit schütteln.

☆ Danach die Muscheln herausheben und leicht abkühlen lassen. − Die Muscheln, die sich beim Kochen nicht geöffnet haben, sind ungenießbar und müssen entfernt werden. − Das Muschelfleisch auslösen und bei Zimmertemperatur zur Weiterverarbeitung bereithalten.

☆ Die Muschelschalen zurück in den Kochsud legen und das Wasser zugießen. Nochmals aufkochen und auf kleiner Flamme etwa 10 Minuten ziehen lassen. Danach den Kochsud durch ein mit einem feuchten Passiertuch ausgelegtes Spitzsieb abseihen und bereithalten.

☆ Die restlichen 50 g Zwiebeln und Sellerieblätter sehr fein schneiden.

☆ In einer mittelgroßen Kasserolle das Eiweiß mit dem Schneebesen kräftig verrühren, jedoch nicht zu Schnee schlagen. Mit dem Tomatenmark sowie dem fein geschnittenen Gemüse zu einer Klärmasse verrühren. Den Thymian und die Lorbeerblätter zufügen.

☆ Den Kochsud der Muscheln wieder bis zum Siedepunkt erhitzen und zuerst langsam, dann schneller in die Kasserolle gießen und mit der Klärmasse verrühren.

☆ Unter ständigem Rühren wieder erhitzen, bis die Klärmasse zur Oberfläche steigt. Dann die Hitze sofort reduzieren und nicht mehr weiterrühren. Den Fond auf kleiner Flamme etwa 15 Minuten ziehen lassen, damit er sich klärt.

☆ Den geklärten Fond vorsichtig durch ein feuchtes Passiertuch seihen und wieder bis knapp an den Siedepunkt erhitzen.

☆ Inzwischen die gewaschenen und abgetropften Sauerampferblätter in den restlichen 25 g Butter andünsten.

Geeiste Kraftbrühe von Flußkrebsen
Rezept Seite 46 ff.

Avocadoparfait mit Nordseekrabben
Rezept Seite 52

☆ In einem großen Topf die 4 Eigelb mit der Sahne verrühren und mit etwas Salz und frisch gemahlenem weißem Pfeffer würzen.

☆ In diese Liaison den kochendheißen Fond mit dem Schneebesen einrühren. Danach nochmals durch ein feines Sieb gießen, damit die gebundene Suppe eine samtartige Konsistenz bekommt.

☆ Anschließend den gedünsteten Sauerampfer zufügen und mit Zitronensaft, etwas Pfeffer und wenig Salz abschmecken. Nicht mehr kochen lassen, da die Cremesuppe sonst gerinnt.

Anrichten

☆ Das warm gehaltene Muschelfleisch auf 8 vorgewärmte tiefe Teller verteilen. Darüber die Cremesuppe gießen und sofort servieren.

Zubereitungsdauer: 1 Stunde 30 Minuten.

Gemüsebrühe nach Art von Maman Simone

INFUSION DE LÉGUMES »MAMAN SIMONE«

Zutaten für etwa 4 l

1 kg Lauch
300 g Staudensellerie
150 g Schalotten
100 g Petersilie
4 l Wasser
3 Knoblauchzehen
2 Thymianzweige
1 Lorbeerblatt
1½ kg Tomaten
¾ l Wasser
Salz, frisch gemahlener
weißer Pfeffer

Zubereiten

☆ Den gründlich gewaschenen Lauch, den Staudensellerie, die Lauchzwiebeln und Schalotten sowie die Petersilie grob zerschneiden.

☆ Das zerschnittene Gemüse mit 4 Liter Wasser in einem großen Topf ansetzen und die geschälten Knoblauchzehen, den Thymian sowie das Lorbeerblatt zufügen. Mit Salz und etwas frisch gemahlenem weißem Pfeffer würzen. Zum Kochen bringen und zugedeckt 1 Stunde über gelinder Hitze kochen lassen. Danach etwas Wasser nachgießen, um die verkochte Flüssigkeit zu ersetzen. Nochmals kurz aufkochen, vom Feuer nehmen und 1 Stunde abkühlen lassen.

☆ Inzwischen die gewaschenen Tomaten vierteln und zusammen mit etwa ¾ Liter Wasser aufkochen. Zugedeckt 30 Minuten auf kleiner Flamme kochen lassen. Danach durch ein feines Sieb passieren.

☆ Nach dem Abkühlen den Gemüsefond abseihen und mit den passierten Tomaten verrühren. Zuletzt mit Salz und frisch gemahlenem weißem Pfeffer abschmecken.

Zubereitungsdauer: 2 Stunden 30 Minuten.

Hinweis

Diese rein vegetarische und fettfreie Gemüsebrühe kann man heiß, aber auch kalt servieren. Gekühlt ist sie im Sommer eine ausgezeichnete Erfrischung. Man sollte sie dann etwas stärker würzen.

Kalte Vorspeisen und Zwischengerichte

Avocadoparfait mit Nordseekrabben

Matjesfilets auf Apfelstreifen

Gesülzte Forelle Chimay

Bauernpastete Tirlemont

Pochiertes Kalbshirn in Vinaigrette

Getrüffelte Gänseleberterrine

Avocadoparfait mit Nordseekrabben

AVOCADE DE CREVETTES GRISES

Zutaten für 8 Personen
2 kleine Zucchini
2 EL Erdnußöl
2 dl Fischfond (siehe Seite 17)
1 dl trockener Weißwein (Loire)
2 dl Sahne
2 Blatt Gelatine (insgesamt 5 g)
150 g Fruchtfleisch
einer reifen Avocado
1 Ei
Saft von 1 Zitrone
175 g ausgelöste Nordseekrabben
Salz, frisch gemahlener Pfeffer
Tomaten-Paprika-Sauce in der
auf Seite 30 angegebenen Menge
frisch ausgelöste Nordseekrabben
als Garnitur

Zubereiten

☆ Die gewaschenen, aber nicht geschälten Zucchini in sehr dünne Scheibchen schneiden — benötigt werden etwa 48 Scheiben. Diese schnell in kochendem, leicht gesalzenem Wasser blanchieren, herausnehmen, kalt abschrecken und abtropfen lassen.

☆ Inzwischen 8 kleine Souffléförmchen von 5 cm Durchmesser mit dem Öl ausstreichen und mit den blanchierten Zucchinischeiben auskleiden. Dabei müssen Boden und Wände mit den sich leicht überlappenden Scheiben völlig bedeckt sein.

☆ Den Fischfond mit dem Weißwein zusammen aufkochen und auf 1 dl reduzieren. Danach die Sahne einrühren und wieder zum Kochen bringen.

☆ Inzwischen die Gelatine in kaltem Wasser einweichen, ausdrücken und mit dem Schneebesen in die heiße Sahnereduktion einrühren. Vom Feuer nehmen und leicht abkühlen lassen.

☆ Danach diese Reduktion in den Mixer geben und mit dem frisch ausgelösten Avocadofruchtfleisch, dem Zitronensaft und dem Ei etwa 2 Minuten lang durchmischen. Die Masse mit Salz, frisch gemahlenem weißem Pfeffer und eventuell noch einigen Tropfen Zitronensaft abschmecken. Durch ein feines Sieb passieren und mit den ausgelösten Nordseekrabben vermischen.

☆ Die Masse vorsichtig in die ausgekleideten Förmchen füllen und mit Frischhaltefolie abdecken. Zum Festwerden für 3–4 Stunden in den Kühlschrank stellen.

☆ Kurz vor dem Servieren wird das Avocadoparfait in die Mitte von 8 gekühlten flachen Tellern gestürzt, mit je 2 Eßlöffel Tomaten-Paprika-Sauce umgossen und mit den Nordseekrabben umlegt.

Zubereitungsdauer: 30 Minuten und 4 Stunden im Kühlschrank ruhen lassen.

Hinweis
Das Avocadoparfait sollte am Tage der Zubereitung verzehrt werden, da sich die Avocadomasse bei längerem Stehenlassen dunkel verfärbt.

Matjesfilets auf Apfelstreifen

MAATJES AUX POMMES FRUITS

Zutaten für 4 Personen

12 kleine Matjesfilets
2 feste Tomaten
150 g extra dünne
Prinzeßböhnchen
50 g Staudensellerie
50 g Zwiebeln
½ Apfel (Granny Smith)
2 EL Crème fraîche
2 EL einfache Vinaigrette
(siehe Seite 26)
1 dl einfache Vinaigrette ohne Salz
2 Zweige Zitronenthymian
16 rote Pfefferkörner
gezupfte Wildpetersilie als Garnitur

Zubereiten

☆ Von den gehäuteten Matjesfilets eventuell noch vorhandene Gräten vorsichtig entfernen. Die Filets der Länge nach halbieren und die Hälften schräg in je 3 rautenförmige Querstreifen schneiden. Zugedeckt gut durchkühlen.

☆ Die Tomaten kurz brühen, abschrecken, schälen, vierteln und die Kerne entfernen. Jedes Tomatenviertel in 3 rautenförmige Streifen schneiden.

☆ Die Prinzeßböhnchen in gesalzenem Wasser weich, aber noch mit Biß garen. Sofort kalt abschrecken, damit sie schön grün bleiben, und in 2—3 cm lange Stücke schneiden. Den Staudensellerie in dünne Streifen und die Zwiebel in ganz feine Würfel schneiden. Den Apfel schälen und ebenfalls in dünne Streifen schneiden.

☆ In einer Schüssel 2 Eßlöffel Crème fraîche mit 2 Eßlöffel einfacher Vinaigrette verrühren. Die Prinzeßböhnchen, die Sellerie- und die Apfelstreifen, die Zwiebelwürfel sowie den fein geschnittenen Zitronenthymian und die roten Pfefferkörner zufügen. Alles vorsichtig miteinander vermischen.

☆ Diesen kleinen Salat kegelförmig in der Mitte von 4 gekühlten flachen Tellern anrichten. Er wird abwechselnd mit den Matjes- und Tomatenrauten sternförmig belegt. Mit gezupfter Petersilie garnieren und auftragen. Eine Vinaigrette ohne Salz — die Matjes sind bereits genügend gesalzen — getrennt dazu reichen.

Zubereitungsdauer: 1 Stunde.

Hinweis

Falls man die Matjes besonders mild liebt, sollte man
die Filets vor der Zubereitung einige Minuten in kalte Milch
legen.

Gesülzte Forelle Chimay

ESCAVÈCHE DE TRUITE DE CHIMAY

Zutaten für 4 Personen

4 Bachforellen von je 250 g
50 g Mehl
½ dl Erdnußöl
30 g Butter
75 g entstielter Broccoli
je 60 g rote und gelbe
Paprikaschoten
5 sauer eingelegte Perlzwiebeln
6 Cornichons
1 l Fischfond (siehe Seite 17)
6 kleine Estragonzweige
3 EL Estragonessig
6 Blatt Gelatine (15 g)
Salz, frisch gemahlener
weißer Pfeffer

Für die Klärmasse:

3 Eiweiß
1 EL doppelt konzentriertes
Tomatenmark
je 50 g feine Karotten-, Sellerie-,
Lauchstreifen
1 Thymianzweig
1 Lorbeerblatt

Zubereiten

☆ Die fangfrischen Bachforellen filetieren. Die Filets jedoch nicht von der Haut lösen − sie könnten sonst beim anschließenden Braten zerfallen.

☆ Die Filets vorsichtig abspülen, trockentupfen und mit Salz und frisch gemahlenem weißem Pfeffer würzen. Danach im gesiebten Mehl wälzen und überschüssiges Mehl abschütteln.

☆ Das Öl samt der Butter in zwei große Pfannen mit Antihaftbeschichtung verteilen und über lebhafter Flamme erhitzen.

☆ Darin die Forellenfilets zuerst auf der Innenseite, danach auf der Hautseite jeweils 1 Minute anbräunen. Herausnehmen und auf Küchenpapier entfetten.

☆ Sobald die Forellenfilets leicht abgekühlt sind, die Haut vorsichtig abziehen und die Filets mit der abgezogenen Seite nach oben in eine flache Servierschüssel legen.

☆ Den Broccoli in kleine Röschen zerpflücken, kurz in kochendem Salzwasser knackig blanchieren, herausheben und eiskalt abschrekken, damit er seine grüne Farbe behält. Die Broccoliröschen auf einem Sieb gründlich abtropfen lassen.

☆ Die Paprikaschoten in feine Würfel schneiden, etwa 1 Minute in Salzwasser blanchieren, abschrecken und abtropfen lassen.

☆ Die Perzwiebeln in dünne Ringe und die Cornichons in feine Scheiben schneiden.

☆ Die Forellenfilets mit den Broccoliröschen, den bunten Paprikawürfeln sowie den Zwiebelringen und Cornichonscheiben umstreuen.

☆ Für den Fischaspik wird der Bratensatz in beiden Pfannen mit dem Fischfond abgelöscht und in einen Topf zusammengeschüttet.

☆ Das Fett von der Oberfläche mit Streifen von Küchenpapier abnehmen und den frischen Estragon in den entfetteten Fond legen. Mit Salz und frisch gemahlenem weißem Pfeffer würzen und zum Kochen bringen. Über gelinder Hitze etwa 15 Minuten ziehen lassen.

☆ Inzwischen die Klärmasse zubereiten, indem in einer Schüssel die 3 Eiweiß mit dem Tomatenmark kräftig verrührt und danach mit den Karotten-, Sellerie- und Lauchstreifen sowie dem gehackten Thymian und dem zerdrückten Lorbeerblatt vermischt werden.

☆ Den heißen Fond auf die Klärmasse in die Schüssel gießen, mit dieser gründlich vermengen und alles zurück in den Topf schütten. Nochmals unter ständigem Rühren bis zum Siedepunkt erhitzen.

Danach sofort die Hitze reduzieren und nicht mehr weiterrühren. Über ganz kleiner Flamme etwa 10 Minuten ziehen lassen, bis die Klärmasse alle Trübungspartikel umschlossen und sich an der Oberfläche abgesetzt hat.

☆ Anschließend den Fond vorsichtig durch ein mit einem Passiertuch ausgelegtes Sieb abseihen.

☆ Die zuvor in kaltem Wasser eingeweichte, gut ausgedrückte Gelatine im geklärten heißen Fond unter Rühren auflösen. Danach den Fond nochmals durch ein feines Sieb gießen, um eventuelle Gelatineklümpchen zu entfernen.

☆ Den gelatinierten Fond mit etwa 3 Eßlöffel Estragonessig und — nach Belieben — mit noch etwas Salz und frisch gemahlenem weißem Pfeffer herzhaft abschmecken und vorsichtig über die Forellenfilets gießen.

☆ Die gesülzten Forellenfilets abkühlen lassen und zum Gelieren für mindestens 6 Stunden zugedeckt in den Kühlschrank stellen.

Anrichten

☆ Die gesülzten Forellen auf gut gekühlten flachen Tellern anrichten und nach Belieben eine leichte, mit etwas Senf geschärfte Mayonnaise dazu reichen.

Zubereitungsdauer: 1 Stunde 20 Minuten zuzüglich 6 Stunden Gelierzeit.

Bauernpastete Tirlemont

PÂTÉ DE CAMPAGNE DE TIRLEMONT

Zutaten für 2 Terrinen von je 1350 g

1 küchenfertige Brüsseler Poularde von 1½ kg
4 Schweinsfüße
1 kg Schweinehals
400 g Schweineleber
250 g Geflügelleber
1 große Gemüsezwiebel
2 Gewürznelken
1 Lorbeerblatt
2 Thymianzweige
3½ l Wasser
3 große Eier
25 cl Sahne
3 Zweige frischer Majoran
1 g gemahlene Muskatblüte
5 g frisch gemahlener weißer Pfeffer
30 g Salz
500 g roher ungesalzener Speck zum Auslegen der beiden Terrinen

Zubereiten

☆ Die küchenfertige Poularde häuten und das Fleisch sorgfältig von der Karkasse lösen.

☆ Die Schweinsfüße abspülen und eventuell noch vorhandene Borsten mit einem kleinen spitzen Messer herausziehen.

☆ Die abgezogene Haut sowie die Karkasse der Poularde zusammen mit den Schweinsfüßen in einen großen Topf geben. Die geschälte und mit den beiden Gewürznelken gespickte Zwiebel, den Thymian und das Lorbeerblatt zufügen. Mit 2½ Liter Wasser auffüllen und zum Kochen bringen. Auf kleiner Flamme 2 Stunden langsam kochen lassen, dabei von Zeit zu Zeit abschäumen.

☆ Nach Ende der Kochzeit den Fond durch ein Spitzsieb abseihen und zur Weiterverwendung bereithalten.

☆ Das Fleisch von einem der Schweinsfüße auslösen und in feine Würfelchen schneiden. Die restlichen Schweinsfüße für ein anderes Gericht verwenden; sie dienten lediglich zur Herstellung eines besonders gelatinösen Fonds.

☆ Unterdessen die Schweineleber in etwa 2–3 cm große Würfel schneiden und in 1 Liter kochendem Wasser etwa 30 Sekunden brühen. Danach herausheben, sofort in kaltem Wasser abkühlen und in einem Sieb abtropfen lassen.

☆ Den Schweinehals ebenfalls würfeln. Zusammen mit der gewürfelten Schweineleber, dem Poulardenfleisch und der Geflügelleber durch die mittelfeine Scheibe des Fleischwolfs treiben.

☆ Diese Fleischmasse in die Rührschüssel der Küchenmaschine geben und mit dem Knethaken gründlich durcharbeiten.

☆ Danach die Eier aufschlagen und nacheinander in das Fleisch einarbeiten. Dabei das letzte Ei zuvor mit dem fein geschnittenen Majoran, der Muskatblüte, dem Pfeffer und dem Salz verrühren.

☆ Anschließend 35 cl Fond abnehmen und nach und nach der Farce zufügen. Nochmals kräftig durcharbeiten, damit die Farce »Stand« bekommt.

☆ Genauso wie zuvor den Fond nun auch die Sahne langsam einfließen lassen und gründlich einarbeiten.

☆ Zuletzt wird das fein gewürfelte Schweinsfußfleisch unter die Farce gehoben.

☆ Den rohen ungesalzenen Speck zum Auslegen der Terrinen am besten bereits vom Metzger in dünne große Scheiben schneiden lassen. Damit werden nun die beiden Terrinen ausgekleidet.

☆ Mit einem Spatel die fertige Farce in die ausgekleideten Terrinen streichen. Die gefüllten Terrinen kurz auf ein gefaltetes Küchentuch aufstoßen, damit sich keine Luftlöcher in der Farce bilden.

☆ Danach die Oberfläche der Terrinen mit passend zurechtgeschnittenen Speckscheiben bedecken, in die man zuvor mit einer Nadel mehrfach eingestochen hat, damit der Dampf während des Garens entweichen kann.

☆ Die beiden Terrinen in einen großen viereckigen Bräter setzen, diesen etwa bis zur halben Terrinenhöhe mit kochendem Wasser auffüllen und in den vorgeheizten Ofen geben. Bei 175°C die Terrinen eine knappe Stunde garen.

☆ Gegen Ende der Garzeit eine Garprobe machen: dazu mit einer Metallnadel in die Terrinenmittel stechen, die Nadel nach 20 Sekunden herausziehen und mit dem Handrücken prüfen, ob sie sich erwärmt hat. Wenn das der Fall ist, ist die Terrine gar und kann aus dem Ofen genommen werden.

☆ Die Terrinen abkühlen lassen, danach ihre Oberfläche mit je einem passend zurechtgeschnittenen Brettchen belegen, mit einem Gewicht von etwa 1 kg beschweren und über Nacht in den Kühlschrank stellen.

☆ Am nächsten Morgen Brettchen und Gewicht entfernen und die Terrinen zugedeckt noch mindestens weitere 2 Tage im Kühlschrank ruhen lassen.

Anrichten

☆ Die Bauernpastete wird in etwa 1 cm dicke Scheiben aufgeschnitten und mit einem gemischten Salat der Saison serviert.

Zubereitungsdauer: 1 Stunde 15 Minuten und 3 Stunden Garzeit.

Hinweis

Diese Bauernpastete ist würzig und saftig, dabei nicht schwer und mächtig. Pierre Wynants hat sie zum Andenken an seinen Vater kreiert, der in seiner frühen Jugend das Metzgerhandwerk erlernt hatte.

Pochiertes Kalbshirn in Vinaigrette

CERVELLE DE VEAU VINAIGRETTE

Zutaten für 4 Personen

3 kleine Kalbshirne
2 l Wasser
150 ml Essig
2 Thymianzweige
2 Lorbeerblätter
1 gestr. EL Salz
1 dl einfache Vinaigrette
(siehe Seite 26)
25 g Blattpetersilie
Kresse-Mousse nach dem Rezept
auf Seite 31

Zubereiten

☆ Das ganz frische Kalbshirn etwa 20 Minuten in lauwarmem Wasser wässern. Anschließend mit den Fingern die Haut, die es umgibt, abzupfen. Danach das Hirn in mehreren Wassern vorsichtig spülen. Dabei das Hirn vorsichtig ins Wasser legen und nicht etwa das Wasser darübergießen, da sonst die zarte Konsistenz beschädigt wird.

☆ Inzwischen 2 Liter Wasser mit dem Essig, dem Thymian, den Lorbeerblättern und 1 gestrichenen Eßlöffel Salz zum Kochen bringen. Das Hirn vorsichtig einlegen und über gelinder Hitze etwa 5 Minuten pochieren. Vom Feuer nehmen und im Pochierfond erkalten lassen.

☆ Das Hirn aus dem Fond heben und auf einem sauberen Küchentuch abtropfen lassen. Danach in 1 cm dicke Scheiben schneiden und auf einer Servierplatte anrichten.

☆ Vor dem Servieren die Hirnscheiben mit etwas gut verquirlter Vinaigrette überziehen und mit fein geschnittener Petersilie bestreuen.

☆ Die restliche Vinaigrette sowie das Kresse-Mousse getrennt dazu reichen.

Zubereitungsdauer: 50 Minuten.

Getrüffelte Gänseleberterrine

TERRINE DE FOIE D'OIE TRUFFÉ

Zutaten für 8 Personen
1 frische Gänsestopfleber von etwa 600 g
20 g Trüffeln (Dosenware)
1½ cl Trüffelfond
Salz, frisch gemahlener weißer Pfeffer
Quatre-épices-Gewürzmischung
8 cl Geflügelaspik

Zubereiten

☆ Die Leber auseinanderziehen und die beiden Leberlappen längs durchschneiden. Mit einem kleinen spitzen Messer und den Fingern alle Sehnen und Adern vorsichtig entfernen. Dabei die Leber nicht unnötig beschädigen.

☆ Anschließend die Leber von allen Seiten mit etwas Salz, frisch gemahlenem weißem Pfeffer und nach Belieben mit einer Prise Quatre-épices-Gewürzmischung (in Feinkostgeschäften erhältlich) bestreuen und mit dem Trüffelfond beträufeln.

☆ In einer Terrine von knapp 1 Liter Inhalt zuerst die eine Hälfte der Leber einlegen und vorsichtig anpressen.

☆ Darüber die in gleichmäßige Stäbchen geschnittene Trüffel als Mittelstrang aneinanderlegen. Die restliche Leber darübergeben, andrücken und die Oberfläche glattstreichen.

☆ Die Terrine verschließen, in ein siedendes Wasserbad setzen und im vorgeheizten Ofen bei nur 75°C etwa 35–40 Minuten garen.

☆ Gegen Ende der Garzeit die Garprobe machen und eine Metallnadel in die Terrinenmitte stechen. Wenn sich nach etwa 20 Sekunden die Nadel leicht erwärmt hat, ist die Terrine gar, auch wenn die Leber noch sehr weich sein sollte.

☆ Die Terrine aus dem Ofen nehmen, abkühlen lassen und in den Kühlschrank stellen.

☆ Nach etwa 6 Stunden das Fett abheben, das sich eventuell an der Oberfläche abgesetzt hat, und die Oberfläche glattstreichen.

☆ Den Geflügelaspik über gelinder Hitze schmelzen und als Spiegel vorsichtig über die Terrine gießen, um sie luftdicht abzuschließen.

☆ Zurück in den Kühlschrank geben und 48 Stunden ruhen lassen.

Anrichten

☆ Mit einem in warmes Wasser getauchten Messer pro Person eine 1 cm dicke Scheibe von der Gänseleberterrine abschneiden und auf gut gekühlten Tellern anrichten. Dünne, leicht getoastete Weißbrotscheiben dazu reichen.

Zubereitungsdauer: 40 Minuten und 40 Minuten Garzeit.

Hinweis
Da sich das delikate Aroma der Gänseleberterrine erst allmählich entfaltet, sollte man sie unbedingt 2 Tage im Kühlschrank ruhen lassen.

Warme Vorspeisen und Zwischengerichte

Spargel nach flämischer Art

Pochierte Eier mit Hopfensprossen

Gebackene Zucchiniblüten mit süß-saurer Sauce

Tomaten mit Weinbergschnecken

Kroketten von Nordseekrabben

Spargel nach flämischer Art

ASPERGES DE MALINES À LA FLAMANDE

Zutaten für 4 Personen

2 kg frisch gestochener Spargel
3 große Eier
40 g entstiele Blattpetersilie
8 Blätter Zitronenmelisse
110 g Butter
Salz, frisch gemahlener
weißer Pfeffer
Muskatnuß

Zubereiten

☆ Den Spargel mit einem Sparschäler von der Spitze abwärts schälen. Ein etwa 3—4 cm langes Stück vom Spargelende abbrechen.

☆ Spargelschalen und -enden waschen, abtropfen lassen und in einen Topf geben. Mit Wasser bedecken, salzen und zum Kochen bringen. Über kleiner Flamme etwa 8 Minuten kochen lassen. Anschließend den Sud durch ein Sieb in einen sauberen Topf seihen. Der Sud wird zum Abkochen des Spargels verwendet.

☆ Unterdessen die Eier in kaltem, gesalzenem Wasser aufsetzen, zum Kochen bringen und 8 Minuten auf kleiner Flamme kochen. Anschließend abkühlen lassen und aus den Schalen pellen.

☆ Vom geschälten Spargel die Spitzen abschneiden und getrennt von den Endstücken bereithalten.

☆ Den abgeseihten Spargelsud wieder zum Kochen bringen und zuerst die Spargelenden einlegen. Auf kleiner Flamme 2 Minuten kochen, danach die Spargelspitzen zufügen und — falls nötig — etwas Wasser nachgießen, so daß der Spargel gerade bedeckt ist. Auf kleiner Flamme weich kochen. Inzwischen die Butter schmelzen und abschäumen.

☆ Die abgepellten Eier zum Spargel in den heißen Sud legen, um sie wieder zu erwärmen. Danach in eine vorgewärmte Schüssel geben und mit einer Edelstahlgabel fein zerdrücken. Nach und nach mit der flüssigen Butter zu einer sämigen Sauce verrühren.

☆ Die von den Stielen gezupfte und gewaschene Blattpetersilie sowie die Zitronenmelisse fein schneiden und unter die Sauce ziehen. Mit Salz, frisch gemahlenem weißem Pfeffer und — nach Belieben — mit etwas geriebener Muskatnuß abschmecken.

☆ Wenn der Spargel weich ist, aber noch Biß hat, wird er aus dem Sud gehoben und zum Abtropfen auf ein sauberes Küchentuch gelegt.

Anrichten

☆ Den Spargel auf 4 vorgewärmte Teller verteilen. Mit der flämischen Eiersauce so überziehen, daß die Spitzen noch sichtbar sind.

Zubereitungsdauer: 55 Minuten.

Hinweis

Spargel, auf diese Art gekocht, ist besonders aromatisch, und Spitzen und Enden sind gleichmäßig gegart. In Belgien ist Mecheln für seinen weißen Spargel so berühmt wie Schwetzingen in Deutschland.

Pochierte Eier mit Hopfensprossen

ŒUFS POCHÉS AU JETS DE HOUBLON

Zutaten für 4 Personen
4 frische Eier
1 dl Branntweinessig
800 g Hopfensprossen
2 Zitronen
2 dl Sahne

Für die Mousseline-Sauce
100 g Butter
2 Eigelb
2 EL trockener Weißwein
(Loire oder Elsässer)
etwas Hopfensprossensud
etwas Zitronensaft
Salz, frisch gemahlener
weißer Pfeffer
etwas Blattpetersilie als Garnitur

Zubereiten

☆ Die holzigen Enden der Hopfensprossen abschneiden. Die Sprossen unter fließendem Wasser gründlich spülen und abtropfen lassen.

☆ Anschließend in Zitronensaft wenden, in einen Topf legen und mit kaltem Wasser bedecken, salzen, zum Kochen bringen und abschäumen. Auf kleiner Flamme 10−15 Minuten kochen lassen. Sie sollen noch einen leichten Biß haben.

☆ Die gegarten Hopfensprossen aus dem Sud heben und auf einem Küchentuch abtropfen lassen − den Sud aufbewahren.

☆ Inzwischen die Sahne in einer großen Kasserolle aufkochen und auf die Hälfte reduzieren. Die Hopfensprossen in die heiße Sahnereduktion geben, abschmecken und warm halten.

☆ Für die Mousseline-Sauce die Butter in einem kleinen Pfännchen über gelinder Hitze schmelzen und abschäumen.

☆ Unterdessen in einer mittelgroßen Kasserolle die beiden Eigelb zusammen mit 2 Eßlöffel Weißwein, 1½ Eßlöffel heißem Hopfensprossensud, etwas Zitronensaft sowie Salz und frisch gemahlenem weißem Pfeffer mit dem Schneebesen aufschlagen.

☆ Die Mischung über gelinder Hitze − oder im Wasserbad − weiterschlagen, bis sie bindet. Nicht zum Kochen bringen, da die Mischung sonst gerinnt. Nun die flüssige Butter nach und nach − wie bei einer Mayonnaise − einrühren. Sollte die Sauce zu dick geraten, noch etwas warmen Hopfensprossensud einrühren. Mit Salz, frisch gemahlenem weißem Pfeffer und einigen Tropfen Zitronensaft abschmecken. Die fertige Sauce warm halten.

☆ Die 4 Eier, sie sollen so frisch wie möglich sein, einzeln in 4 Tassen aufschlagen.

☆ In einem weiten flachen Topf etwa 1½ Liter Wasser zusammen mit dem Essig zum Kochen bringen. Die Hitze reduzieren und die Eier nacheinander in das siedende Wasser gleiten lassen. Sie werden darin etwa 3 Minuten pochiert, anschließend mit der Schaumkelle herausgehoben und zum Abtropfen auf ein angewärmtes Küchentuch gelegt. Die Eier leicht beschneiden, damit sie eine schöne Form bekommen.

Anrichten

☆ Auf 4 vorgewärmte flache Teller die Hopfensprossen als kleine Nester anrichten und die pochierten Eier hineinlegen. Mit der Mousseline-Sauce überziehen und mit fein geschnittener Petersilie garnieren. Den Rest der Sauce getrennt dazu reichen.

Zubereitungsdauer: 1 Stunde 15 Minuten.

Gebackene Zucchiniblüten mit süß-saurer Sauce

FLEURS DE COURGETTES EN BEIGNETS,
SAUCE AIGRE-DOUCE À L'ORIENTALE

Zutaten für 4 Personen

12 große Zucchiniblüten
(oder 16 kleine)
4 EL Erdnußöl
Salz
Ausbackteig (siehe Seite 22)
süß-saure Sauce
nach orientalischer
Art (siehe Seite 36)

Zubereiten

☆ Die Zucchiniblüten mit einem feuchten Tuch abtupfen und ihre Stiele auf etwa 3 cm Länge kürzen.

☆ Das Öl in der Pfanne bis zum Rauchpunkt erhitzen.

☆ Inzwischen die Hälfte der Zucchiniblüten in den vorbereiteten Ausbackteig tauchen. Den Überschuß abtropfen lassen und die Zucchiniblüten in das heiße Öl legen. Nach 2 Minuten wenden und auf der anderen Seite ebenfalls 2 Minuten hellbraun ausbacken.

☆ Anschließend mit der Schaumkelle aus dem heißen Öl heben, auf Küchenpapier entfetten und mit etwas Salz bestreuen.

☆ Mit den restlichen Zucchiniblüten ebenso verfahren.

Anrichten

☆ Die gebackenen Zucchiniblüten auf 4 vorgewärmte flache Teller verteilen und mit je 2−3 Eßlöffel heißer Sauce umgießen. Sofort auftragen.

Zubereitungsdauer: 20 Minuten.

Spargel nach flämischer Art
Rezept Seite 62

Tomaten mit Weinbergschnecken
Rezept Seite 65

Tomaten mit Weinbergschnecken

TOMATES AUX ESCARGOTS

Zutaten für 4 Personen
4 nicht zu große Fleischtomaten
48 Weinbergschnecken
50 g Schalotten
10 g gezupfte Blattpetersilie
10 g Basilikumblätter
4 Knoblauchzehen
200 g Butter
Saft von ½ Zitrone
Salz, frisch gemahlener
weißer Pfeffer
einige Liebstöckelblätter als Garnitur

Zubereiten

☆ Die Tomaten kurz in kochendes Wasser tauchen, kalt abschrecken, abziehen und waagerecht halbieren. Mit einem Löffel etwas aushöhlen und mit Salz und frisch gemahlenem weißem Pfeffer würzen.

☆ Die Weinbergschnecken aus der Dose nehmen und abtropfen lassen.

☆ Die Schalotten sowie die Kräuter sehr fein schneiden und die Knoblauchzehen durch die Knoblauchpresse treiben.

☆ Die zimmerwarme Butter geschmeidig rühren. Mit den Schalotten, den Kräutern sowie dem Knoblauch vermischen. Mit Zitronensaft, Salz und frisch gemahlenem Pfeffer abschmecken.

☆ Etwa ein Viertel der Butter in einer Kasserolle schmelzen und darin die abgetropften Weinbergschnecken erhitzen.

☆ Die heißen Weinbergschnecken in die Tomatenhälften füllen. Darüber die weiche Würzbutter streichen. Die gefüllten Tomatenhälften auf eine vorgewärmte Gratinierplatte setzen und 3–4 Minuten unter den vorgeheizten Grill geben.

Anrichten

☆ Auf 4 vorgewärmte flache Teller je 2 Tomatenhälften plazieren. Mit heißer Kräuterbutter umgießen und mit Liebstöckelblättchen garnieren. Frisches Stangenweißbrot dazu reichen.

Zubereitungsdauer: 30 Minuten.

Hinweis

Da es sehr mühsam und zeitraubend ist, frische Schnecken küchenfertig zu machen, sollte man auf eine gute Dosenware zurückgreifen. Man muß jedoch darauf achten, daß man keine Achatschnecken, sondern Weinbergschnecken erhält.

Kroketten von Nordseekrabben

CROQUETTES AUX CREVETTES GRISES

Zutaten für 8 Personen

2 kg Nordseekrabben in den Schalen
je 50 g Karotten-, Sellerie- und
Zwiebelstreifen
100 g Butter
7 dl Milch
2 große Eier
1 dl Sahne
200 g Mehl
4 Blatt Gelatine (10 g)
2 Eiweiß
300 g Paniermehl
100 g krause Petersilie
2 Zitronen
Salz, frisch gemahlener Pfeffer,
geriebene Muskatnuß
½ l Öl
Fritierfett zum Ausbacken der
Kroketten
eine Form von 25 × 20 cm

Zubereiten

☆ Die frisch abgekochten Nordseekrabben aus den Schalen brechen. Die angegebene Menge soll etwa 600 g Krabbenfleisch ergeben. Die ausgelösten Krabben in eine Schüssel legen und mit Klarsichtfolie abdecken.

☆ Etwa 25 g Butter in einem mittelgroßen Topf zerlaufen lassen. Die Gemüsestreifen einstreuen und unter Rühren etwa 10 Minuten dünsten, jedoch keine Farbe annehmen lassen.

☆ Die Krabbenschalen zufügen und zusammen mit dem Würzgemüse noch weitere 2 Minuten dünsten.

☆ Anschließend die Milch zugießen, zum Kochen bringen und über gelinder Hitze 12 Minuten mehr ziehen als kochen lassen.

☆ Danach die Infusion durch ein Sieb abseihen, dabei die Rückstände gut ausdrücken. Die Flüssigkeitsmenge abmessen, sie soll 6 dl betragen. Falls sie geringer ist, noch etwas Milch zugießen. Abkühlen lassen.

☆ Die beiden Eier trennen. Das Eiweiß zurückbehalten, das Eigelb mit 1 dl Sahne in einer Schüssel verrühren und diese Liaison bereithalten.

☆ Inzwischen in einer mittelgroßen Kasserolle mit dickem Boden die restlichen 75 g Butter schmelzen und 150 g Mehl einstreuen. Unter ständigem Rühren etwa 10 Minuten bei milder Hitze schwitzen lassen, dabei darf das Mehl keine Farbe annehmen.

☆ Danach die Mehlschwitze mit der abgekühlten Milchinfusion ablöschen. Zum Kochen bringen und unter Rühren weitere 10 Minuten sacht kochen.

☆ Die eingeweichte und ausgedrückte Blattgelatine in der heißen Masse auflösen.

☆ Abseits vom Feuer die Liaison einrühren und danach die Masse durch ein Sieb streichen, damit sie eine samtig-glatte Konsistenz bekommt.

☆ Mit einem Holzspatel das Krabbenfleisch vorsichtig unter die Masse heben. Mit Salz, frisch gemahlenem Pfeffer, geriebener Muskatnuß und etwas Zitronensaft abschmecken.

☆ Eine flache rechteckige Form von etwa 25 × 20 cm mit Öl ausstreichen und mit Pergamentpapier auslegen, das ebenfalls leicht geölt wird.

☆ Die Krokettenmasse hineinstreichen und mit einem gefetteten Pergamentpapier bedecken, damit sich keine Kruste bildet.

☆ Abkühlen lassen, mit Klarsichtfolie abdecken und 1 Tag im Kühlschrank ruhen lassen.

☆ Am nächsten Tag das Pergamentpapier behutsam ablösen und die Krokettenmasse vorsichtig auf eine leicht bemehlte Arbeitsfläche stürzen.

☆ In Rechtecke von 5 × 6 cm schneiden.

☆ Das zurückbehaltene Eiweiß mit 2 weiteren Eiweiß verquirlen, einige Tropfen Öl zufügen und mit Salz und frisch gemahlenem Pfeffer würzen.

☆ Die Kroketten zuerst in etwas Mehl, dann im verquirlten Eiweiß und zuletzt im Paniermehl wenden.

☆ Jeweils 4 Kroketten in der 185°C heißen Friteuse goldbraun ausbacken. Herausheben und auf ein mit Küchenpapier ausgelegtes Blech oder eine große ofenfeste Platte legen.

☆ Danach das Blech etwa 5 Minuten in den 180°C heißen Ofen schieben, damit sich die Kroketten bis zum Kern erwärmen.

☆ Inzwischen die gewaschene und völlig abgetrocknete Petersilie etwa 20 Sekunden fritieren. Aus der Friteuse heben, auf Küchenpapier entfetten und leicht salzen.

Anrichten

☆ Die heißen Kroketten auf eine vorgewärmte Platte legen, mit Zitronenachteln und der kroß fritierten Petersilie umlegen. Sofort servieren.

Zubereitungsdauer: 2 Stunden und 1 Tag ruhen lassen.

Salate

Salat von Chicorée und Brunnenkresse
in einem Kranz von Jakobsmuscheln

Salat von warmen Krebsschwänzen
mit Schnittlauchschaum

Kleiner Salat von Spinat
und geräuchertem Lachs

Selleriesalat in Petersilien-Dressing

Gemischter Salat mit sautierter Geflügelleber
und Knoblauchkrüstchen

Salat von Chicorée und Brunnenkresse mit Jakobsmuscheln

SALADE DE CRESSON ET WITLOOFS, COURONNE DE COQUILLES SAINT-JACQUES

Zutaten für 4 Personen
240 g ausgelöste Jakobsmuscheln
20 g Butter
2 Fleischtomaten
½ Apfel (Golden Delicious)
200 g Chicorée
100 g Staudensellerie
100 g Brunnenkresse
Salz, frisch gemahlener
weißer Pfeffer
5 EL Vinaigrette mit Apfelessig
(siehe Seite 27)

Zubereiten

☆ Die frisch ausgelösten Jakobsmuscheln — für diesen Salat werden nur die weißen Nüßchen verwendet — abspülen und waagerecht in 2 mm dünne Scheiben aufschneiden. Zwei große Gratinierplatten mit der Butter ausstreichen und mit Salz und frisch gemahlenem weißem Pfeffer bestreuen. Anschließend mit den Muschelscheiben belegen und bereithalten.

☆ Die Tomaten kurz in kochendes Wasser tauchen, kalt abschrecken, schälen, halbieren und die Kerne entfernen.

☆ Das Fruchtfleisch in 3 mm kleine Würfel schneiden. Dazu braucht man ein sehr scharfes Messer, damit das Fruchtfleisch nicht zerquetscht, sondern exakt geschnitten wird.

☆ Den geschälten ½ Apfel ebenfalls in 3 mm kleine Würfel schneiden. Mit den Tomatenwürfeln vermischen und mit etwa 2½ Eßlöffel Vinaigrette übergießen.

☆ Den Chicorée und die Selleriestangen in dünne Streifen von 3—4 cm Länge schneiden.

☆ Die Chicorée- und Selleriestreifen sowie die von den Stielen gezupfte Kresse in einer großen Schüssel mit der restlichen Vinaigrette vermischen und nochmals mit Salz und frisch gemahlenem weißem Pfeffer nachwürzen.

☆ Die vorbereiteten ofenfesten Platten mit den Jakobsmuschelscheiben für 1½ Minuten in den 200°C heißen Ofen geben — nicht länger, sonst wird das zarte Muschelfleisch zäh.

Anrichten

☆ Den Salat in der Mitte von 4 flachen Tellern kegelförmig anrichten. Mit je etwa 10 Muschelscheiben als Kranz umgeben und mit den Tomaten- und Apfelwürfeln umlegen.

Zubereitungsdauer: 45 Minuten.

Salat von warmen Krebsschwänzen mit Schnittlauchschaum

SALADE EN CHAUD ET FROID DE QUEUES D'ÉCREVISSES, MOUSSELINE
À LA CIBOULETTE

Zutaten für 4 Personen

2½ kg Flußkrebse (Pattes rouges)
2 große gekochte Artischockenböden
je 8 kleine Blätter Frisée-, Eichblatt-,
Radicchio- und grüner Salat
100 g Butter
2 Eigelb
2 EL trockener Weißwein
(Loire oder Elsässer)
1 Zitrone
1 Bund Schnittlauch
3 EL Vinaigrette mit Sherryessig
(siehe Seite 27)
Salz, frisch gemahlener
weißer Pfeffer

Zubereiten

☆ Die Flußkrebse abkochen, wie auf Seite 46 beschrieben ist. Die Schwänze abdrehen, das Schwanzfleisch auslösen und in einen kleinen Topf geben. Etwas heißen Krebssud durch ein Sieb darübergießen, um die ausgelösten Krebsschwänze warm zu halten.

☆ Die gekochten Artischockenböden halbieren und die Hälften in Streifen schneiden.

☆ Die Salatblätter waschen, trockenschleudern und in mundgerechte Stücke zerpflücken. Die dekorativen Blätter des Eichblattsalates jedoch ganz lassen.

☆ Für die Schnittlauchschaumsauce die Butter über gelinder Hitze schmelzen, abschäumen und warm halten.

☆ Inzwischen die beiden Eigelb in einer mittelgroßen Kasserolle mit 1½ Eßlöffel Krebssud und 2 Eßlöffel trockenem Weißwein verquirlen. Mit etwas Salz und frisch gemahlenem weißem Pfeffer würzen.

☆ Über gelinder Hitze oder im Wasserbad mit dem Schneebesen sehr schaumig schlagen. So lange weiterschlagen, bis die Sauce bindet. Keinesfalls jedoch zum Kochen bringen, da die Sauce sonst gerinnt.

☆ Abseits vom Feuer die flüssige Butter — wie Öl bei einer Mayonnaise — nach und nach mit dem Schneebesen einschlagen. Sollte die Schaumsauce zu dick geraten, kann sie mit etwas warmem Krebssud oder Wasser verdünnt werden. Nochmals abschmecken und warm halten. Kurz vor dem Anrichten die Hälfte des fein geschnittenen Schnittlauchs unterheben.

☆ Den restlichen Schnittlauch, die Salatblätter und die Artischockenstreifen in einer großen Schüssel miteinander vermischen. In gut der Hälfte der Vinaigrette wenden.

☆ Die Krebsschwänze eventuell noch einmal kurz in ihrem Sud erhitzen, jedoch nicht aufkochen. Aus dem Sud heben und mit der restlichen Vinaigrette vermischen.

Anrichten

Vier flache Teller mit den Salatblättern und Artischockenstreifen auslegen. In die Mitte die Krebsschwänze plazieren, mit der Schnittlauchschaumsauce überziehen und mit etwas Schnittlauch bestreuen. Sofort auftragen.

Zubereitungsdauer: 55 Minuten.

Kleiner Salat von Spinat und geräuchertem Lachs

PETITE SALADE FUMÉE

Zutaten für 4 Personen
200 g zarte, junge Spinatblätter
160 g Räucherlachs
oder Räucherlachsabschnitte
5 EL Mayonnaise
etwa 20 Schnittlauchröhrchen
etwas Zitronensaft
Salz, frisch gemahlener
weißer Pfeffer

Zubereiten
☆ Die Spinatblätter entstielen, waschen und trockenschleudern.
☆ Den Räucherlachs in 5 mm große Würfel schneiden.
☆ Die Mayonnaise in eine große Salatschüssel geben. Falls sie zu dick ist, mit etwas Wasser verquirlen und mit Salz, frisch gemahlenem weißem Pfeffer und einigen Tropfen Zitronensaft abschmecken.
☆ Die Spinatblätter und den fein geschnittenen Schnittlauch mit der Mayonnaise vermischen.

Anrichten
☆ Den Salat auf 4 flache Teller verteilen, mit dem restlichen Schnittlauch bestreuen und die Räucherlachswürfel darübergeben.

Zubereitungsdauer: 20 Minuten.

Hinweis
Wenn dieser Salat als Beilage serviert wird, ist die oben angegebene Menge ausreichend für 8 Portionen.

Selleriesalat in Petersilien-Dressing

SALADE DE CÉLERI RAVE AU PERSIL

Zutaten für 4 Personen

150 g geschälte, mehlig kochende
Kartoffeln (Bintjes)
1 Sellerieknolle von etwa 450 g
1 Zitrone
125 ml Erdnußöl
2 TL mittelscharfer Senf
50 g glattblättrige Petersilie
Salz, frisch gemahlener Pfeffer

Zubereiten

☆ Die geschälten Kartoffeln in Würfel schneiden und in Salzwasser weich kochen.

☆ Danach das Wasser abgießen und die Kartoffeln durch die Kartoffelpresse passieren. In einer Schüssel abkühlen lassen.

☆ Das Öl in den Mixer geben, den Senf sowie die gewaschene, abgetropfte und von den Stielen gezupfte Petersilie zufügen. Auf höchster Stufe etwa 1 Minute mixen.

☆ Anschließend in die Schüssel zu den passierten Kartoffeln geben.

☆ Die Sellerieknolle unter fließendem Wasser abbürsten und schälen. Am besten mit einer Mandoline (einem besonderen Gemüsehobel) oder mit der Küchenmaschine schnell in feine Streifen raspeln. Diese sofort in etwa drei Viertel des Zitronensafts wenden, damit sie schön weiß bleiben.

☆ Die Selleriestreifen zu den passierten Kartoffeln geben und alles mit dem Dressing vermischen. Gegebenenfalls mit etwas Milch verdünnen.

☆ Zum Schluß mit Salz, frisch gemahlenem weißem Pfeffer und dem restlichen Zitronensaft abschmecken. Bis zum Servieren zugedeckt in den Kühlschrank stellen.

Anrichten

☆ Dieser rustikale Salat kann mit hauchdünnen Scheiben Rauchfleisch oder Räucherschinken serviert werden.

Zubereitungsdauer: 35 Minuten.

Gemischter Salat mit sautierter Geflügelleber und Knoblauchkrüstchen

SALADE AUX FOIES DE VOLAILLES ET CROÛTONS À L'AIL

Zutaten für 4 Personen
1 Handvoll Brunnenkresse
je 8 Blätter Frisée-, Eichblatt-,
Radicchio- und grüner Salat
8 Basilikumblätter
1 Scheibe Weißbrot
1 Knoblauchzehe
3 EL Vinaigrette mit Sherryessig
(siehe Seite 27)
200 g Geflügelleber
50 g Butter
Salz, frisch gemahlener Pfeffer

Zubereiten

☆ Die Blätter der Brunnenkresse von den harten Stielen zupfen. Zusammen mit den Salatblättern waschen und trockenschleudern. Die Basilikumblätter in Streifen schneiden, die dekorativen Blätter des Eichblattsalates ganz lassen, die restlichen Blätter in mundgerechte Stücke zerpflücken.

☆ Die Weißbrotscheibe toasten, mit der Knoblauchzehe einreiben und in 1 cm große Würfel schneiden.

☆ Von der Geflügelleber alle Sehnen und galligen Flecken entfernen. Die Leber ebenfalls in 1 cm große Würfel schneiden.

☆ Über lebhaftem Feuer die Butter erhitzen, die gewürfelte Geflügelleber zufügen und mit Salz und frisch gemahlenem Pfeffer würzen. In 2–3 Minuten von allen Seiten anbräunen.

☆ Inzwischen die Salatblätter mit den Basilikumstreifen und den Brotwürfeln in der Vinaigrette wenden. Nochmals abschmecken.

Anrichten

☆ Den Salat auf 4 flache Teller verteilen, die heißen Leberwürfel darübergeben und sofort auftragen.

Zubereitungsdauer: 20 Minuten.

Fisch

Aalragout mit feinen Kräutern

Pochierte Bachforelle mit frischem Thymian

Schottische Lachsforelle auf Sauvignon-Cremesauce mit Portulak

Schnitzel vom schottischen Wildlachs auf Kressesauce

Rotbarbenfilet in Burgundersauce mit glasierten weißen Rübchen

Seezungenfilets mit Austern und grünem Spargel »Grand-Papa Georges«

Waterzooi von Kabeljau nach flämischer Art

Steinbutt auf Sauerampfercreme mit Hopfensprossen

Gedümpfter Steinbutt mit einer Creme von Nordseekrabben

Wolfsbarsch mit Safranmuscheln und Koriandergrün

Heilbutt auf Champignons und Lauchzwiebeln

Aalragout mit feinen Kräutern

ANGUILLES AU VERT

Zutaten für 4 Personen

2 kg Flußaal von mittlerer Größe
50 g Butter
¼ l trockener Weißwein (Mosel)
25 g Kartoffelmehl
Salz, frisch gemahlener Pfeffer

Für das Kräuterpüree

½ l Wasser
160 g fein geschnittene Schalotten
2 Salbeiblätter
12 Zitronenmelisseblätter
160 g Sauerampfer
60 g Kerbel
40 g Petersilie
2 Zitronen

Zubereiten

☆ Die Aale bereits vom Händler abziehen und ausnehmen lassen. Alle Blutreste aus den Bauchhöhlen kratzen und gründlich abspülen. Die kleinen Rückengräten auslösen, indem man mit einem spitzen Messer am Rückgrat entlangfährt. Die Aale abspülen und in etwa 4 cm große Stücke schneiden.

☆ Für das Kräuterpüree ¼ Liter Wasser in den Mixer geben. Die fein geschnittenen Schalotten, den Salbei und die Zitronenmelisse sowie 160 g Sauerampfer, 20 g Kerbel und 10 g Petersilie zufügen. Auf höchster Stufe etwa 2–3 Minuten pürieren. Anschließend in ein Porzellangefäß gießen.

☆ Danach das restliche Wasser in den Mixer gießen und die restlichen Kräuter zufügen. Ebenfalls pürieren und bereithalten.

☆ Unterdessen die Butter in einer großen Kasserolle erhitzen. Darin die Aalstücke in etwa 2–3 Minuten ansautieren. Sie sollen keine Farbe annehmen, sondern lediglich steif ziehen.

☆ Mit Salz und frisch gemahlenem Pfeffer würzen, den Weißwein und das erste Kräuterpüree zufügen.

☆ Zum Kochen bringen und etwa 3–4 Minuten kochen lassen. Gegen Ende der Kochzeit das in etwas Wasser aufgelöste Kartoffelmehl einquirlen.

☆ Das Ragout vom Feuer nehmen und nach einigen Minuten, wenn es leicht abgekühlt ist, das zweite Kräuterpüree einrühren. Mit Zitronensaft, Salz und frisch gemahlenem Pfeffer abschmecken.

Anrichten

☆ Das Aalragout kann warm, aber auch kalt serviert werden. Man reicht Graubrot und frische Landbutter dazu.

Zubereitungsdauer: 35 Minuten.

Hinweis

Anguilles au vert ist eine bekannte belgische Spezialität. Das Ragout gewinnt an Geschmack, wenn man es einen Tag im Kühlschrank ruhen läßt. Man ißt es dann kalt und sollte es etwa 30 Minuten vor dem Servieren aus dem Kühlschrank nehmen, damit es Zimmertemperatur annimmt.

Pochierte Bachforelle mit frischem Thymian

TRUITE À LA PETITE NAGE DE THYM FRAIS

Zutaten für 4 Personen

4 Bachforellen von je 250 g
3 Zweige frischer Thymian
10 g Butter
Gemüsefond nach dem Rezept
auf Seite 21
2 dl Wasser
1½ dl trockener Moselriesling

Für die Sauce

3 dl Sahne
3 Eigelb
15 g fein geschnittener Kerbel
10 g fein geschnittene Blattpetersilie
5 g fein geschnittener Estragon
Saft von 1 Zitrone
Salz, frisch gemahlener Pfeffer

Zubereiten

☆ Die ausgenommenen Forellen unter fließendem Wasser abspülen und mit Küchenpapier trockentupfen. Mit Salz und frisch gemahlenem Pfeffer bestreuen und in eine flache weite Kasserolle legen, die zuvor mit Butter ausgestrichen wurde.

☆ Die Thymianblättchen von den Stielen zupfen und über die Forellen streuen.

☆ Anschließend den Gemüsefond darübergeben und das Wasser sowie den trockenen Weißwein angießen.

☆ Die Kasserolle mit einem Stück Aluminiumfolie abdecken, jedoch nicht luftdicht verschließen.

☆ Auf dem Herd bis zum Siedepunkt erhitzen. Anschließend sofort in den auf 200°C vorgeheizten Ofen schieben und etwa 3 Minuten darin belassen.

☆ Danach die Kasserolle aus dem Ofen nehmen, die Aluminiumfolie abdecken und die Forellen vorsichtig wenden. Die Forellen erneut mit der Aluminiumfolie abdecken und weitere 3 Minuten im Ofen pochieren.

☆ Die pochierten Forellen aus dem Fond heben, auf einen flachen, vorgewärmten Teller legen und vorsichtig die Haut abziehen. Kopf und Schwanzflossen nicht entfernen. Die Forellen mit Aluminiumfolie abdecken und warm halten.

☆ Für die Sauce den Pochierfond durch ein Sieb in einen Topf abgießen, zum Kochen bringen und leicht einkochen lassen.

☆ Die Sahne zufügen und nochmals aufkochen.

☆ Abseits vom Feuer das Eigelb mit dem Schneebesen einrühren. Kräftig weiterschlagen, bis die Sauce bindet. Nicht mehr kochen lassen, da die Sauce sonst gerinnt.

☆ Zum Schluß die fein geschnittenen Kräuter unter die Sauce heben und mit Salz, frisch gemahlenem Pfeffer sowie Zitronensaft abschmekken.

Anrichten

☆ Die Forellen auf 4 vorgewärmte tiefe Teller legen. Mit der Sauce überziehen und sofort servieren. Salzkartoffeln getrennt dazu reichen.

Zubereitungsdauer: 40 Minuten.

Schottische Lachsforelle auf Sauvignon-Cremesauce mit Portulak

TRUITE SAUMONÉE D'ÉCOSSE, CRÈME DE SAUVIGNON AU POURPIER

Zutaten für 4 Personen
600 g schottisches Lachsforellenfilet
1 Zwiebel
1 Stange Staudensellerie
1½ l Wasser
1 TL Salz

Für die Sauce
3 dl Fischfond (siehe Seite 17)
1½ dl trockener Weißwein
(Sauvignon)
3 dl Sahne
60 g Butter
100 g Portulakblätter
Saft von 1 Zitrone
Salz, frisch gemahlener Pfeffer
15 g Lachskaviar (nach Belieben)

Zubereiten

☆ Für die Sauce den Fischfond zusammen mit dem Weißwein in einer mittelgroßen Kasserolle zum Kochen bringen. Auf zwei Drittel der Flüssigkeitsmenge einkochen lassen und danach die Sahne zugießen. Nochmals zum Kochen bringen und auf die Hälfte reduzieren.

☆ Abseits vom Feuer mit dem Schneebesen 50 g kalte Butter flockenweise einschwenken. Mit Salz, frisch gemahlenem Pfeffer und Zitronensaft abschmecken.

☆ In der restlichen Butter die abgezupften Portulakblätter 20 Sekunden anschwitzen. Anschließend unter die Sauce heben.

☆ Die Sauce bis zum Anrichten im Wasserbad warm halten.

☆ Das Lachsforellenfilet in 4 gleichmäßige Portionen teilen.

☆ Die Zwiebel in kleine Würfel, die Selleriestange in feine Scheiben schneiden und auf den Boden eines Topfes mit Dämpfeinsatz legen. Das Wasser zugießen, 1 Teelöffel Salz einstreuen und zum Kochen bringen.

☆ Inzwischen die Filetstücke auf der Hautseite mit Salz und frisch gemahlenem Pfeffer bestreuen. Mit der Hautseite nach unten in den Dämpfeinsatz legen. Diesen in den Topf setzen und den Fisch 2–3 Minuten – je nach Dicke der Filetstücke – über Dampf garen. Sie sollten innen noch rosa, das heißt fast roh sein. Falls man sie übergart, werden sie trocken.

☆ Von den gegarten Filetstücken vorsichtig die Haut abziehen.

Anrichten

☆ Auf 4 vorgewärmte flache Teller einen Saucenspiegel gießen. Darauf die Lachsforellenfilets plazieren und nach Belieben mit jeweils einem kleinen Löffel Lachskaviar belegen. Die restliche Sauce getrennt dazu reichen.

Zubereitungsdauer: 35 Minuten.

Schnitzel vom schottischen Wildlachs auf Kressesauce

ESCALOPE DE SAUMMON SAUVAGE D'ÉCOSSE, CRÈME DE CRESSONNETTE

Zutaten für 4 Personen

500 g schottisches Wildlachsfilet
5 cl Erdnußöl
1 kleines Bund Schnittlauch
Salz, frisch gemahlener Pfeffer

Für die Kressesauce

50 g Gartenkresse
50 g entstielter junger Spinat
3½ dl Fischfond (siehe Seite 17)
1 dl Noilly-Prat
3 dl Sahne
40 g Butter
Saft von ½ Zitrone

Zubereiten

☆ Das Wildlachsfilet vom Fischhändler aus dem dicken Rückenstück schneiden, häuten und der Breite nach in zwei große Stücke von gleicher Dicke schneiden lassen. Diese halbieren, so daß man 4 gleich große Schnitzel erhält.

☆ Für die Kressesauce die Kresse und den entstielten Spinat mit ½ dl Fischfond pürieren. Durch ein feines Sieb streichen und bereithalten.

☆ In einer mittelgroßen Kasserolle den restlichen Fischfond zusammen mit dem Noilly-Prat bis auf ein Viertel der Flüssigkeitsmenge reduzieren. Die Sahne zufügen und nochmals auf ein Viertel einkochen lassen.

☆ Mit dem Rührbesen die kalte Butter abseits vom Feuer in kleinen Flocken einschwenken.

☆ Das Kräuterpüree zugießen und die Sauce nochmals vorsichtig erhitzen, jedoch nicht zum Kochen bringen. Mit Salz, frisch gemahlenem Pfeffer und Zitronensaft abschmecken. Warm halten.

☆ Die Lachsschnitzel mit der schöneren Seite nach unten auf die Arbeitsfläche legen. Die andere Seite mit Salz und frisch gemahlenem Pfeffer bestreuen.

☆ Das Öl in zwei Pfannen mit Antihaftbeschichtung gießen und bis zum Rauchpunkt erhitzen.

☆ Die Lachsschnitzel, wieder mit der schöneren Seite nach unten, einlegen und 30 Sekunden anbräunen. Behutsam wenden und nochmals etwa 30 Sekunden von der anderen Seite anbraten – nicht länger, damit sie schön saftig bleiben.

Anrichten

☆ Auf 4 vorgewärmte flache Teller einen Saucenspiegel gießen, darauf die Lachsschnitzel plazieren und mit etwas fein geschnittenem Schnittlauch bestreuen.

Zubereitungsdauer: 40 Minuten.

Rotbarbenfilet in Burgundersauce mit glasierten weißen Rübchen

LEVÉE DE ROUGETS BARBETS POÊLÉS AU PINOT NOIR

Zutaten für 4 Personen
500 g Rotbarbenfilet
100 g Butter
260 g weiße Rübchen
½ TL feiner Kristallzucker
260 g kleine Pfifferlinge oder Austernpilze
50 g Portulakblätter
Salz, frisch gemahlener Pfeffer

Für die Burgundersauce
1 Schalotte
2½ dl junger kräftiger Burgunder
½ Menge fruchtige Tomatensauce (siehe Seite 40)
2 TL Himbeersauce (siehe Seite 199)
75 g Butter

Zubereiten
☆ Die Rotbarben vom Händler filetieren lassen. Noch vorhandene Schuppen von der Hautseite der Filets entfernen; die Haut nicht abziehen. Die Filets abspülen, trockentupfen und bereithalten.

☆ Für die Burgundersauce die fein gewürfelte Schalotte in 10 g Butter 2 Minuten dünsten. Danach den Rotwein angießen und die Tomatensauce zufügen. Zum Kochen bringen und auf ein Viertel reduzieren. Anschließend die Himbeersauce einrühren und abseits vom Feuer 75 g Butter flockenweise einschwenken. Die Sauce mit Salz und frisch gemahlenem Pfeffer abschmecken und warm halten.

☆ Inzwischen die geschälten weißen Rübchen in kleine Würfel schneiden und in wenig Salzwasser so garen, daß sie noch Biß haben. Das Wasser abgießen und die Rübchen kurz trockendämpfen.

☆ In einem Topf 20 g Butter bis zu nußbrauner Farbe erhitzen, die gewürfelten Rübchen zufügen und schnell sautieren. Mit dem Zucker bestreuen und leicht karamelisieren lassen, dabei die Rübchen ständig durchschwenken. Mit etwas Salz und frisch gemahlenem Pfeffer abschmecken und warm halten.

☆ Die geputzten Pilze falls nötig kurz abspülen und auf einem Küchentuch gründlich abtropfen lassen. Wenn sie zu groß sind, sollte man sie halbieren.

☆ 20 g Butter in einer Pfanne bräunen, die Pilze zufügen und kurz sautieren. Mit Salz und frisch gemahlenem Pfeffer abschmecken und warm halten.

☆ In einer antihaftbeschichteten Pfanne 40 g Butter erhitzen und darin die leicht gesalzenen Rotbarbenfilets 1 Minute von jeder Seite anbraten. Herausheben und auf einer erwärmten Platte warm halten.

☆ Den Bratfond mit der Burgundersauce ablöschen, schnell durch ein feines Sieb streichen und abschmecken.

☆ Für die Garnitur die abgezupften Portulakblätter 20 Sekunden in der restlichen Butter anschwitzen.

Anrichten
☆ In die Mitte von 4 vorgewärmten flachen Tellern je 1½ Eßlöffel Sauce gießen, die Rotbarbenfilets darüber plazieren und mit den Portulakblättern garnieren. Jeweils rechts und links daneben die sautierten Pilze und die glasierten Rübchen legen. Die restliche Sauce getrennt dazu reichen.

Zubereitungsdauer: 1 Stunde.

Matjesfilet auf Apfelstreifen
Rezept Seite 53

Seezungenfilets mit Austern und grünem Spargel
Rezept Seite 81

Seezungenfilets mit Austern und grünem Spargel

FILETS DE SOLE »GRAND-PAPA GEORGES«
VERTES AUX HUÎTRES ET POINTES

Zutaten für 4 Personen
2 Seezungen von 350–400 g
1 Zwiebel
1 Stange Staudensellerie
2 l Wasser
1 dl trockener Riesling
(Luxemburger)
500 g grüner Spargel
12 mittelgroße Austern
etwas Zitronenthymian und
Forellenkaviar als Garnitur

Für die Mousseline-Sauce
120 g Butter
3 Eigelb
4½ EL trockener Riesling
(Luxemburger)
1½ EL Austernwasser
Saft von ½ Zitrone
Salz, frisch gemahlener
weißer Pfeffer

Zubereiten

☆ Die vom Händler ausgenommenen und abgezogenen Seezungen unter fließendem Wasser abspülen und bereithalten.

☆ Für den Pochierfond die Zwiebel und die Stange Staudensellerie grob zerschneiden.

☆ Mit diesem zerkleinerten Würzgemüse den Boden eines weiten, flachen Topfes ausstreuen. Etwas Salz und frisch gemahlenen weißen Pfeffer darübergeben und 2 Liter Wasser sowie 1 dl trockenen Riesling zugießen. Zum Kochen bringen und über gelinder Hitze etwa 10 Minuten ziehen lassen.

☆ Unterdessen den grünen Spargel gründlich waschen. Die harten Enden entfernen und die Spargelstangen in 3 cm lange Stücke schneiden. In Salzwasser so garen, daß sie noch Biß haben.

☆ Die Austern mit einem kurzen, kräftigen Messer öffnen, dabei mit der gewölbten Schalenseite nach unten halten, damit das Austernwasser nicht ausläuft. Es wird durch ein feines Sieb in eine kleine Schüssel gegossen und zur Weiterverarbeitung aufbewahrt. Die Austern auslösen und die Sehne, die das Fleisch mit der Schale verbindet, wegschneiden. Die ausgelösten Austern zum Austernwasser in die Schüssel legen.

☆ Für die Mousseline-Sauce die Butter über gelinder Hitze schmelzen, aber nicht zu heiß werden lassen.

☆ Die 3 Eigelb in eine mittelgroße Kasserolle geben und 4½ Eßlöffel Wein sowie 1½ Eßlöffel durchgeseihtes Austernwasser einrühren. Mit Salz, frisch gemahlenem weißem Pfeffer und einigen Spritzern Zitronensaft würzen.

☆ Diese Mischung über gelinder Hitze schaumig rühren, bis sie bindet.

☆ Abseits vom Feuer die flüssige Butter nach und nach – wie Öl bei einer Mayonnaise – mit dem Schneebesen einrühren. Die Sauce abschmecken und warm halten.

☆ Den Pochierfond wieder bis zum Siedepunkt erhitzen. Die beiden Seezungen einlegen und über gelinder Hitze 3–4 Minuten (die Garzeit richtet sich nach der Größe der Fische) pochieren.

☆ Die Seezungen vorsichtig aus dem Fond heben und auf eine flache Unterlage legen. An der Mittelgräte entlangfahren und jeweils das rechte sowie das linke Filet in einem Stück auslösen. Dabei die kleinen Außengräten entfernen. Mit der Rückseite der Fische ebenso verfahren.

☆ Die 8 Filetstreifen falten, auf eine vorgewärmte Platte legen, mit Aluminiumfolie abdecken und warm halten.

☆ Inzwischen die ausgelösten Austern in ihrem eigenen Fond vorsichtig etwa 30 Sekunden erhitzen, um sie zu steifen. Den Austernfond anschließend in die Mousseline-Sauce rühren.

☆ Unmittelbar vor dem Servieren die Seezungenfilets im heißen Ofen nochmals kurz erwärmen.

Anrichten

☆ Je 2 gefaltete Seezungenfilets auf einen vorgewärmten flachen Teller plazieren. Mit den Austern und dem grünen Spargel umlegen. Die Seezungenfilets mit der Mousseline-Sauce überziehen und mit etwas Zitronenthymian und Forellenkaviar vollenden.

Zubereitungsdauer: 50 Minuten.

Waterzooi von Kabeljau nach flämischer Art

CABILLAUD EN WATERZOOI À LA FLAMANDE

Zutaten für 4 Personen
600 g Kabeljaufilet
125 g Butter
3 Tomaten
150 g Zwiebeln
150 g Chicorée
2 dl Fischfond
5 cl trockener Weißwein (Riesling)
Saft von ½ Zitrone
2 Scheiben Weißbrot
Salz, frisch gemahlener Pfeffer

Für das Kräuterpüree
50 g Gartenkresse
25 g junger, entstielter Spinat
25 g Schnittlauch
25 g gezupfte Petersilie
10 g Lauchzwiebeln
4 EL Wasser
1 dl einfache Vinaigrette
(siehe Seite 26)

Zubereiten

☆ Das Kabeljaufilet in 8 gleichmäßige Stücke schneiden und diese mit Salz und frisch gemahlenem weißem Pfeffer würzen.

☆ Einen weiten flachen Topf mit etwa 5 g Butter ausstreichen und die Kabeljaustücke in einer Schicht einlegen. Zugedeckt bereithalten.

☆ Die Tomaten brühen, kalt abschrecken, abziehen und halbieren. Die Kerne ausdrücken und das Fruchtfleisch in Würfel schneiden.

☆ Die Zwiebeln und den Chicorée in feine Streifen schneiden.

☆ In einer mittelgroßen Kasserolle 50 g Butter schmelzen. Die Zwiebeln, den Chicorée sowie den Zitronensaft zufügen und unter ständigem Rühren etwa 3–4 Minuten andünsten. Den Fischfond und den Riesling zugießen, zum Kochen bringen und 25 Minuten auf kleiner Flamme kochen lassen.

☆ Gegen Ende der Kochzeit 50 g Butter in kleinen Flocken mit dem Schneebesen einschwenken und die Tomatenwürfel einlegen.

☆ Diesen Fond vorsichtig über die Kabeljaustücke gießen. Auf kleiner Flamme etwa 5–6 Minuten mehr ziehen als kochen lassen, damit der Fisch saftig bleibt und nicht zerfällt.

☆ Die Weißbrotscheiben würfeln und in 20 g Butter goldbraun rösten. Mit etwas Salz bestreuen und auf Küchenpapier entfetten.

☆ Für das Kräuterpüree die entstielten Kräuter zusammen mit etwa 4 Eßlöffel Wasser und der Vinaigrette in den Mixer geben und pürieren. Durch ein grobes Sieb streichen und das Püree mit Salz und frisch gemahlenem Pfeffer abschmecken.

Anrichten

☆ Je 2 Kabeljaustücke in die Mitte von 4 vorgewärmten flachen Tellern plazieren und mit den Chicorée- und Zwiebelstreifen belegen. Mit dem Fond sowie dem Kräuterpüree umgießen. Darüber die gerösteten Brotwürfel und die Tomatenwürfel streuen. Salzkartoffeln getrennt dazu servieren.

Zubereitungsdauer: 1 Stunde.

Hinweis

Das hier beschriebene Kabeljaugericht ist die verfeinerte Version einer bekannten flämischen Spezialität – ein Fischragout mit Kräutern und Wurzelwerk, das über gerösteten Weißbrotscheiben angerichtet wird. Aus der Gegend um Gent stammt ein anderes Waterzooi, das jedoch mit Geflügel statt mit Fisch zubereitet wird.

Steinbutt auf Sauerampfercreme mit Hopfensprossen

SUPRÈME DE TURBOT AUX JETS DE HOUBLON ET À LA CRÈME D'OSEILLE

Zutaten für 4 Personen

500 g Steinbuttfilet
1 Zwiebel
1 Stange Staudensellerie
160 g Hopfensprossen
Saft von 1 Zitrone
1½ dl Sahne
60 g Sauerampferblätter
100 g Butter
2 Eigelb
2 EL trockener Weißwein (Riesling)
1½ EL Kochfond der Hopfensprossen
Salz, frisch gemahlener
weißer Pfeffer
etwas Blattpetersilie als Garnitur

Zubereiten

☆ Den vom Händler filetierten und abgezogenen Steinbutt abspülen und in 4 gleichmäßige Portionsstücke teilen.

☆ Die Zwiebel würfeln und den Staudensellerie in feine Scheiben schneiden.

☆ Von den Hopfensprossen die harten Enden wegschneiden, die Spitzen sorgfältig in reichlich Wasser waschen und abtropfen lassen. Anschließend in Zitronensaft wenden, mit Wasser bedecken, salzen und zum Kochen bringen. Die Hopfensprossen etwa 10—15 Minuten garen, herausheben und auf einem sauberen Küchentuch abtropfen lassen. Den Kochsud aufbewahren.

☆ Inzwischen die Sahne in einer mittelgroßen Kasserolle aufkochen und auf die Hälfte reduzieren. Vom Feuer nehmen, die abgetropften Hopfensprossen einlegen, durchschwenken und warm halten.

☆ In etwa 20 g Butter die entstielten Sauerampferblätter 2 Minuten dünsten, dabei einige Male umrühren. Danach unter die Hopfensprossen heben. Mit Salz, frisch gemahlenem weißem Pfeffer und einigen Spritzern Zitronensaft abschmecken und warm halten.

☆ Auf den Boden eines Topfes mit Dämpfeinsatz die Zwiebelwürfel sowie die Selleriescheibchen streuen, etwa 1½ Liter Wasser zugießen und 1 gestrichenen Eßlöffel Salz zufügen. Zum Kochen bringen und knappe 10 Minuten ziehen lassen.

☆ Den mit Salz und Pfeffer gewürzten Steinbutt in den Dämpfeinsatz legen und über den kochenden Gemüsesud setzen. Zugedeckt 6—7 Minuten über Dampf garen.

☆ Unterdessen die Mousseline-Sauce aufschlagen: Dazu die restlichen 80 g Butter schmelzen. In einer kleinen Kasserolle die beiden Eigelb mit 2 Eßlöffel trockenem Riesling und 1½ Eßlöffel warmem Hopfensprossensud, etwas Salz, frisch gemahlenem weißem Pfeffer und einigen Spritzern Zitronensaft mit dem Schneebesen aufschlagen.

☆ Über gelinder Hitze ständig weiterschlagen, bis die Sauce bindet, sie jedoch nicht kochen lassen.

☆ Vom Feuer nehmen, nach und nach die flüssige Butter einrühren und die Sauce nochmals abschmecken.

Anrichten

☆ Auf 4 vorgewärmte flache Teller die cremige Mischung von Hopfensprossen und Sauerampfer verteilen. Darauf den gedämpften Heilbutt plazieren, mit der Mousseline-Sauce überziehen und mit etwas
gezupfter Blattpetersilie garnieren.

Zubereitungsdauer: 1 Stunde 5 Minuten.

Hinweis
*Um das frische Meeresaroma dieses Edelfisches zu
verstärken, legt Pierre Wynants noch zusätzlich
Meeresalgen zum Würzgemüse in den Dämpfsud.
Auf Vorbestellung erhält man diese beim Fischhändler.*

Gedämpfter Steinbutt mit einer Creme von Nordseekrabben

TURBOT À LA CRÈME DE CREVETTES GRISES

Zutaten für 4 Personen

600 g Steinbuttfilet
250 g frisch abgekochte
Nordseekrabben
2 kleine Karotten (100 g)
2 Stangen Staudensellerie (100 g)
1 Zwiebel
1 EL Erdnußöl
1 Schalotte
1 cl Cognac
1 TL doppelt konzentriertes
Tomatenmark
3 dl Fischfond (siehe Seite 17)
2½ dl Sahne
30 g Butter
Saft von ½ Zitrone
1 kleine Fleischtomate
50 g weiße Lauchabschnitte
1 TL Sherryessig
12 Liebstöckelblätter
Salz, frisch gemahlener
weißer Pfeffer

Zubereiten

☆ Das vom Händler abgezogene Steinbuttfilet in 4 gleich große Portionsstücke schneiden, mit Frischhaltefolie abdecken und kühl stellen.

☆ Die frisch abgekochten Nordseekrabben aus den Schalen brechen. Die Schalen für den Saucenfond bereithalten.

☆ Die geputzten Karotten und eine der beiden Selleriestangen in kleine dünne Scheiben schneiden.

☆ Die Hälfte der Karotten- und Selleriescheibchen getrennt in Salzwasser knackig garen, herausheben, abtropfen lassen und als Sauceneinlage bereithalten.

☆ Die zweite Selleriestange sowie die Zwiebel ebenfalls fein schneiden und für den Dünstsud des Fisches bereithalten.

☆ Für die Cremesauce in einer mittelgroßen Kasserolle 1 Eßlöffel Erdnußöl erhitzen. Die Krabbenschalen sowie die rohen Gemüsescheibchen und die fein gewürfelte Schalotte zufügen. Unter Rühren 3—4 Minuten dünsten.

☆ Mit dem Cognac ablöschen und das Tomatenmark sowie den Fischfond einrühren. Zum Kochen bringen und etwa 15 Minuten über reduzierter Hitze ziehen lassen.

☆ Den Fond durch ein Spitzsieb seihen, dabei die Rückstände gut auspressen. Danach den Fond im Mixer mit 25 g ausgelöstem Krabbenfleisch zu einem dünnflüssigen Püree mixen. In einen sauberen Topf gießen, zum Kochen bringen und auf ein Drittel reduzieren.

☆ Die Sahne in den reduzierten Fond rühren, nochmals aufkochen und wiederum auf die Hälfte reduzieren. Abseits vom Herd 30 g Butter mit dem Rührbesen einschwenken. Die Sauce mit Salz, frisch gemahlenem Pfeffer und einigen Spritzern Zitronensaft abschmecken und warm halten.

☆ Während der Saucenfond kocht, werden die Tomaten gebrüht, kalt abgeschreckt, geschält und geviertelt. Die Kerne entfernen, das Fruchtfleisch in 4 mm große Würfel schneiden und in eine kleine Schale geben.

☆ Die gründlich gewaschenen weißen Lauchabschnitte in feine Streifen schneiden und mit den Tomatenwürfeln vermischen. Mit dem Sherryessig, etwas Salz und frisch gemahlenem Pfeffer würzen.

☆ In einen Topf mit Dämpfeinsatz die in dünne Ringe geschnittene Zwiebel und die in feine Scheiben geschnittene zweite Selleriestange geben. Mit 1 Liter Wasser aufgießen und einen Teelöffel Salz zufügen. Zum Kochen bringen und 10 Minuten über reduzierter Hitze ziehen lassen.

☆ Die Steinbuttfilets mit Salz und frisch gemahlenem weißem Pfeffer würzen und in den Dämpfeinsatz legen. Den Fisch 6—7 Minuten — je nach Dicke des Filets — zugedeckt über Dampf garen.

☆ Inzwischen die Sauce wieder erhitzen und die gegarten Karotten- und Selleriescheibchen einstreuen. Kurz aufkochen und vom Feuer nehmen.

☆ Unmittelbar vor dem Servieren die restlichen ausgelösten Krabben unter die heiße Sauce ziehen. Nicht mehr erhitzen oder aufkochen, da das Krabbenfleisch dann trocken wird.

Anrichten

☆ Die Steinbuttfilets in die Mitte von 4 vorgewärmten flachen Tellern plazieren und mit der Cremesauce überziehen, dabei gleichmäßig mit den Gemüsescheibchen und den Krabben bestreuen. Auf eine Seite je 1 Eßlöffel Tomaten-Lauch-Salat legen, die andere Seite mit den Liebstöckelblättchen garnieren.

Zubereitungsdauer: 1 Stunde 10 Minuten.

Hinweis

Der kleine Tomaten-Lauch-Salat ist als Farbtupfer und Kontrast zur Sauce gedacht. Man kann ihn nach Belieben auch zu anderen Fischgerichten reichen.

Wolfsbarsch mit Safranmuscheln und Koriandergrün

LOUP DE MER AUX BOUCHOTS DE SAFRAN ET CORIANDRE FRAÎCHE

Zutaten für 4 Personen

600 g Wolfsbarschfilet
500 g Pfahlmuscheln
60 g Butter
1 Zwiebel
1 Stange Staudensellerie
1½ dl trockener Weißwein
(Elsässer oder Loire)
1½ dl Muschelfond
1½ dl Fischfond (siehe Seite 17)
1 Tomate
1 Karotte
1 Prise Safranfäden
3 dl Sahne
Saft von ½ Zitrone
Salz, frisch gemahlener
weißer Pfeffer
16 Korianderblättchen als Garnitur

Zubereiten

☆ Den Wolfsbarsch vom Händler filetieren und abziehen lassen. Die Filets abspülen, abtropfen lassen und in 4 gleich große Stücke teilen.

☆ Die Muscheln entbarten und unter fließendem Wasser abbürsten. Eventuell einige Zeit in leicht gesalzenes Wasser legen, damit sie den Sand, der sich innerhalb ihrer Schalen befinden kann, ausstoßen. Alle Muscheln entfernen, die sich nicht schließen oder beim Waschen auf der Wasseroberfläche schwimmen.

☆ Die Zwiebel und die Selleriestange fein schneiden, in einen flachen weiten Topf geben und in 10 g Butter anschwitzen.

☆ Anschließend die Muscheln in einer Schicht einlegen, mit etwas frisch gemahlenem weißem Pfeffer bestreuen und den Weißwein angießen.

☆ Zum Kochen bringen und zugedeckt 3 Minuten über gelinder Hitze kochen lassen − sollten Muscheln darunter sein, die sich beim Kochen nicht öffnen, müssen diese entfernt werden.

☆ Die Muscheln im Fond erkalten lassen. Danach das Muschelfleisch auslösen, in eine kleine Schale geben und den Muschelfond durch ein feines Sieb darübergießen.

☆ Für die Safransauce als Einlage die Tomate brühen, abschrecken und schälen. Halbieren, die Kerne ausdrücken und das Fruchtfleisch in kleine Würfel schneiden. Die Karotte ebenfalls würfeln und in etwas Salzwasser knackig garen.

☆ Etwa 1½ dl Muschelfond abnehmen, zusammen mit 1 dl Fischfond in einen kleinen Topf gießen, 1 Prise Safranfäden einstreuen, zum Kochen bringen und auf ein Drittel reduzieren. Anschließend die Sahne zugießen und nochmals auf die Hälfte einkochen lassen. Abseits vom Feuer 40 g Butter in kleinen Flocken mit dem Schneebesen einschwenken. Die Sauce warm halten.

☆ Inzwischen die Portionsstücke vom Wolfsbarsch mit Salz und frisch gemahlenem weißem Pfeffer würzen. In einen flachen weiten Topf legen, der mit der restlichen Butter ausgestrichen wurde. Den restlichen Fischfond angießen und das Ganze mit Aluminiumfolie abdecken.

☆ Zum Kochen bringen und den Fisch über gelinder Hitze 2 Minuten pochieren. Anschließend vorsichtig wenden und weitere 2−3 Minuten garen. Den Fisch aus dem Fond heben und warm halten.

☆ Den heißen Pochierfond in die Sauce einrühren. Mit Salz, frisch gemahlenem weißem Pfeffer und einigen Spritzern Zitronensaft abschmecken und die Tomaten- und Karottenwürfel sowie die abgetropften Muscheln einlegen.

Anrichten

☆ Auf 4 vorgewärmte flache Teller einen Saucenspiegel gießen. In die Mitte jeweils ein Portionsstück vom Wolfsbarsch plazieren und darauf die Safranmuscheln verteilen. Mit je 4 gezupften Korianderblättchen umlegen und sofort servieren.

Zubereitungsdauer: 55 Minuten.

Heilbutt auf Champignons und Lauchzwiebeln

PAVÉ D'ELBOT À LA FONDUE DE CHAMPIGNONS ET OIGNONG VERTS

Zutaten für 4 Personen
600 g Heilbuttfilet
2 vollreife Tomaten
130 g Butter
10 dünne Lauchzwiebeln
150 g Champignons
1 dl Fischfond (siehe Seite 17)
Saft von ½ Zitrone
2 EL Wasser
Salz, frisch gemahlener
weißer Pfeffer
etwas Blattpetersilie als Garnitur

Zubereiten

☆ Das Heilbuttfilet abspülen, trockentupfen und in 4 gleich große Portionsstücke teilen.

☆ Für die Sauce die Tomaten brühen, kalt abschrecken, schälen und halbieren. Danach die Kerne ausdrücken und das Fruchtfleisch würfeln. Die Tomatenwürfel in 10 g Butter etwa 2 Minuten anschwitzen.

☆ Die Lauchzwiebeln, die nur bleistiftdünn sein sollen, in Scheibchen schneiden.

☆ Die Champignons falls nötig waschen, abtropfen lassen und fein hacken.

☆ Etwa 25 g Butter in einer mittelgroßen Kasserolle erhitzen und die fein gehackten Champignons zufügen. Sofort einige Spritzer Zitronensaft darübergeben und unter häufigerem Rühren 6 Minuten dünsten. Danach den Fischfond zugießen, aufkochen und die Flüssigkeit leicht reduzieren.

☆ Abseits vom Feuer 75 g Butter in kleinen Flocken mit dem Rührbesen in die Sauce einschwenken. Die Tomatenwürfel und die fein geschnittenen Frühlingszwiebeln unterheben und die Sauce mit etwas Salz, frisch gemahlenem weißem Pfeffer sowie einigen Spritzern Zitronensaft abschmecken. Warm halten.

☆ Inzwischen die restliche Butter in einer antihaftbeschichteten Pfanne erhitzen und die mit Salz und frisch gemahlenem weißem Pfeffer gewürzten Filetstücke mit der schöneren Seite nach unten in die heiße Butter legen. Über mittlerer Hitze anbräunen, danach vorsichtig wenden und die andere Seite ebenfalls Farbe annehmen lassen. Insgesamt etwa 8—10 Minuten braten, dabei des öfteren mit der heißen Butter übergießen. Anschließend herausnehmen und warm halten.

☆ Den Bratfond mit 2 Eßlöffel Wasser ablöschen und in die Pilzsauce rühren. Eventuell nochmals abschmecken.

Anrichten

☆ 4 vorgewärmte flache Teller mit der Sauce ausgießen und darauf die Filets plazieren. Mit etwas gezupfter Petersilie garnieren und auftragen. Den Rest der Sauce sowie Salzkartoffeln getrennt dazu reichen.

Zubereitungsdauer: 45 Minuten.

Krusten- und Schalentiere

Ragout von Austern mit Muscheln und Limetten

Jakobsmuscheln nach indischer Art mit frischem Estragon

Flan vom Hummer »Michel-Pierre« auf Montrachet-Sauce

Frikassee von Krebsschwänzen nach Art der Försterin

Hummer »aux aromates«

Languste Saint-Michel mit Meeresschnecken

Langustinenpfanne mit Salatherzen

Ragout von Langusten mit Spargel,
frischen Morcheln und jungen Puffbohnen

Ragout von Austern mit Muscheln und Limetten

BLANQUETTE D'HUÎTRES AUX MOULES ET CITRON VERT

Zutaten für 4 Personen
36 mittelgroße Austern
20 große Pfahlmuscheln
1 Limette
1 kleine Kiwi
20 g Petersilie
3 dl Fischfond (siehe Seite 17)
1½ dl trockener Weißwein
(Elsässer oder Loire)
3 dl Sahne
90 g Butter
Salz, frisch gemahlener
weißer Pfeffer

Zubereiten

☆ Die Austern mit einem kurzen, kräftigen Messer öffnen, indem man am Scharnier zwischen die Schalen fährt, diese mit einer Drehbewegung leicht auseinanderdrückt und den Schließmuskel durchtrennt. Dabei die gewölbte Schalenseite nach unten halten, damit das Austernwasser nicht ausläuft. Es wird durch ein feines Sieb gegossen und bereitgehalten. Das Austernfleisch auslösen und sorgfältig nach Schalenresten absuchen.

☆ Die Muscheln unter fließendem Wasser abbürsten und die Haftfäden, den sogenannten Bart, abziehen. Geöffnete Muscheln nicht verwenden! Die Muscheln wie die Austern öffnen, dabei das Muschelwasser auffangen und ebenfalls durch ein feines Sieb zum Austernwasser gießen. Das Muschelfleisch auslösen und alle anhaftenden Schalenreste entfernen.

☆ Die Limette heiß abwaschen und trockenreiben. Die Schale mit einem Sparschäler hauchdünn abschälen und anschließend fein zerschneiden. Den Rest der Limette zum Abschmecken aufbewahren.

☆ Die nicht zu weiche Kiwi schälen, halbieren und mit einem Löffel die schwarzen Kerne auskratzen. Das feste Fruchtfleisch in sehr kleine Würfel schneiden.

☆ Die entstielte Petersilie in kleine Blättchen zerzupfen.

☆ Den Fischfond zusammen mit dem Weißwein zum Kochen bringen und auf ein Drittel reduzieren. Die Sahne zugießen und wieder auf ein Drittel einkochen lassen. Abseits vom Feuer 75 g kalte Butter flockenweise mit dem Schneebesen einschwenken.

☆ In der restlichen Butter die gezupfte Petersilie ganz kurz andünsten. Zusammen mit den fein geschnittenen Limettenschalen, den Kiwiwürfelchen, den Austern und Muscheln sowie deren Flüssigkeit in die Sauce geben.

☆ Das Ragout nur kurz aufkochen und knapp 30 Sekunden ziehen lassen, damit das Austern- und Muschelfleisch nicht zäh wird. Mit etwas Salz, frisch gemahlenem weißem Pfeffer und einigen Tropfen Limettensaft abschmecken.

Anrichten

☆ Das Austernragout wird in kleinen Schalen sehr heiß serviert.

Zubereitungsdauer: 1 Stunde 10 Minuten.

Jakobsmuscheln nach indischer Art mit frischem Estragon

ESCALOPES DE COQUILLES SAINT-JACQUES À L'INDIENNE
ET FEUILLES D'ESTRAGON

Zutaten für 4 Personen

600 g ausgelöste Jakobsmuscheln
½ kleine Knoblauchzehe
½ TL Currypulver
175 g Butter
2 dl Geflügelfond (siehe Seite 12)
1 vollreife Tomate
½ Apfel (Granny Smith)
1 gekochter Artischockenboden
Saft von 1 Zitrone
etwas Estragonessig
Salz, frisch gemahlener
weißer Pfeffer
32 Estragonblättchen als Garnitur

Zubereiten

☆ Die vom Händler ausgelösten Jakobsmuscheln (nur die weißen Nüßchen) vorsichtig unter fließendem Wasser abspülen und trockentupfen.

☆ Den Knoblauch fein zerdrücken oder durch die Knoblauchpresse treiben. In einem kleinen Topf 5 g Butter zerlaufen lassen, den Knoblauch und das Currypulver einrühren und über gelinder Hitze 2 Minuten anschwitzen.

☆ Anschließend den Geflügelfond zugießen, zum Kochen bringen und 5 Minuten kochen lassen. Danach durch ein feines Sieb gießen.

☆ Inzwischen die Tomate brühen, kalt abschrecken, abziehen und halbieren. Die Kerne ausdrücken und das Fruchtfleisch mit einem scharfen Messer in winzige Würfel schneiden.

☆ Den gekochten Artischockenboden in dünne Streifen von etwa 1 cm Länge und 3 mm Dicke schneiden. Den geschälten ½ Apfel in ebenso kleine Streifen schneiden. Etwa 1 Minute in kochendem, mit Zitronensaft versetztem Wasser blanchieren, kalt abschrecken und gründlich abtropfen lassen.

☆ Anschließend die weißen Nüßchen der Jakobsmuscheln halbieren.

☆ Eine weite flache Kasserolle mit 20 g weicher Butter ausstreichen und die mit Salz und frisch gemahlenem weißem Pfeffer gewürzten Jakobsmuscheln einlegen.

☆ Den Curryfond vorsichtig angießen und zum Kochen bringen. Zugedeckt 1–2 Minuten – je nach Dicke der Jakobsmuscheln – über gelinder Hitze kochen lassen. Nicht länger, da übergartes Muschelfleisch zäh ist.

☆ Die Muscheln aus dem Curryfond heben und warm halten.

☆ Den Fond über lebhafter Flamme schnell auf die Hälfte einkochen lassen. Danach abseits vom Feuer die restliche kalte Butter in kleinen Flocken mit dem Rührbesen einschwenken. Die Sauce mit Salz, frisch gemahlenem weißem Pfeffer sowie einigen Tropfen Estragonessig und eventuell noch mit etwas Currypulver abschmecken.

☆ Die Tomatenwürfelchen, die Artischocken- und Apfelstreifen sowie die Jakobsmuscheln wieder in die Sauce einlegen. Nochmals kurz erhitzen und über ganz gelinder Hitze 5 Minuten ziehen lassen.

Anrichten

☆ Die Jakobsmuscheln auf 4 vorgewärmte Teller verteilen, mit der Sauce überziehen und mit den Estragonblättern bestreuen. Sofort auftragen.

Zubereitungsdauer: 50 Minuten.

Hinweis

Die Currysauce kann auch auf einer Sahnebasis hergestellt werden. Dann werden 150 g Butter durch 2 dl frische Sahne ersetzt und der Curryfond auf ein Viertel statt auf die Hälfte reduziert, bevor man die Sahne zugibt. Nochmals auf die Hälfte der Flüssigkeitsmenge reduzieren und wie oben beschrieben fortfahren.
Noch authentischer schmeckt dieser Curry von Jakobsmuscheln, wenn man den Estragon durch frisches Koriandergrün ersetzt und einen feinen Basmati-Reis dazu reicht.

Flan vom Hummer »Michel-Pierre« auf Montrachet-Sauce

FLAN DE HOMARD AU MONTRACHET »MICHEL-PIERRE«

Zutaten für 4 Personen

1 weiblicher Hummer von
300–350 g aus Norwegen
oder der Bretagne
100 g Butter
1 dl Weißwein (Puligny-Montrachet)
3 dl Fischfond (siehe Seite 17)
4 dl Sahne
Saft von ½ Zitrone
50 g Kaviar (Ossietr)
etwas Kerbel als Garnitur

Für die Flanmasse

das ausgelöste Hummerfleisch
2 dl Milch
2 große Eier
Salz, frisch gemahlener
weißer Pfeffer
Butter zum Ausstreichen von
4 Dariole-Förmchen von 6 cm Höhe
und 6 cm Durchmesser

Zubereiten

☆ Den Hummer unter fließendem Wasser gründlich abbürsten.

☆ Mit dem Kopf zuerst in reichlich sprudelnd kochendes Salzwasser geben. Zugedeckt 1 Minute blanchieren. Herausheben und abkühlen lassen.

☆ Anschließend den Hummer der Länge nach halbieren und den dunklen Darmstrang vorsichtig aus dem Schwanzteil ziehen sowie den Magensack aus dem Kopfteil entfernen. Es sind die beiden einzigen nicht genießbaren Teile. Die Hummereier behutsam mit einer Gabel abnehmen, vorsichtig säubern und als Sauceneinlage bereithalten. Das Hummerfleisch auslösen.

☆ Für die Flanmasse das ausgelöste Hummerfleisch zusammen mit der Milch in den Mixer geben und fein pürieren. Anschließend durch ein Haarsieb in eine Schüssel streichen.

☆ Die beiden Eier mit einer Gabel einarbeiten und die Masse mit Salz und frisch gemahlenem weißem Pfeffer abschmecken.

☆ Vier Dariole-Förmchen sorgfältig mit weicher Butter ausstreichen. Die Flanmasse nochmals durchmischen und hineinfüllen. Damit die Flanoberfläche nicht bräunt, werden die Förmchen mit passend zurechtgeschnittener und mit Butter bestrichener Aluminiumfolie abgedeckt.

☆ Die Förmchen in einen flachen Topf setzen und vorsichtig etwa ½ Liter heißes Wasser angießen. Auf dem Herd bis zum Siedepunkt erhitzen, danach in den 175°C heißen Ofen geben und 25–30 Minuten pochieren.

☆ Gegen Ende der Pochierzeit eine Garprobe machen: Dabei mit einem kleinen Messer vorsichtig in die Mitte eines Flans stechen. Wenn die Klinge glatt herausgezogen werden kann und keine Masse ansetzt, ist der Flan gar.

☆ Für die Sauce inzwischen die Hummerkarkassen im Mörser zerkleinern und über gelinder Hitze in 25 g Butter 3–4 Minuten andünsten – nicht rösten!

☆ Mit dem Weißwein ablöschen, den Fischfond angießen, zum Kochen bringen und 20 Minuten sacht kochen lassen.

☆ Anschließend den Fond durch ein feines Sieb in einen sauberen Topf abgießen und auf ein Drittel der Flüssigkeitsmenge einkochen. Die Sahne zugießen und nochmals auf die Hälfte reduzieren.

☆ Die Hummereier vorsichtig unterheben und die restliche kalte Butter abseits vom Feuer mit dem Rührbesen in kleinen Flocken einschwenken.

☆ Die Sauce mit Salz, frisch gemahlenem weißem Pfeffer und einigen Spritzern Zitronensaft abschmecken. Sollte sie zu dickflüssig sein, kann man sie getrost mit etwas Wasser verlängern. Ihr Aroma wird dadurch nicht beeinträchtigt.

Anrichten
☆ Die Flans vorsichtig auf 4 vorgewärmte flache Teller stürzen und mit der Sauce überziehen. Mit je 1 Teelöffel Kaviar belegen und mit etwas abgezupftem Kerbel garnieren. Sofort servieren und unbedingt einen Saucenlöffel dazulegen.

Zubereitungsdauer: 1 Stunde 10 Minuten.

Hinweis
Dieses Gericht ist ein klassisches Beispiel der modernen
Haute Cuisine – vollendet und ohne jeden
Schnörkel. Pierre Wynants hat es den bekannten Köchen
Pierre und Michel Troisgros in Roanne gewidmet, mit
denen ihn eine herzliche Freundschaft verbindet.

Flan vom Hummer »Michel-Pierre« auf Montrachet-Sauce
Rezept Seite 95

Jakobsmuscheln nach indischer Art mit frischem Estragon
Rezept Seite 93

Frikassee von Krebsschwänzen nach Art der Försterin

FRICASSÉE DE QUEUES D'ÉCREVISSES À LA FORESTIÈRE

Zutaten für 4 Personen

3 kg Flußkrebse (Pattes rouges)
50 g Karotten
50 g Knollenfenchel
80 g Austernpilze
175 g Butter
3 dl Fischfond (siehe Seite 17)
1½ dl Krebs-Jus (siehe Seite 20)
1 dl Weißwein (Sauternes)
Salz, frisch gemahlener
weißer Pfeffer
etwas fein geschnittene Petersilie
als Garnitur

Zubereiten

☆ Die Flußkrebse abkochen, wie auf Seite 46 beschrieben ist. Von den abgekühlten Krebskörpern die Schwänze abdrehen und die Kopf-Brust-Stücke ausspülen.

☆ Das Schwanzfleisch aus den Schalen brechen und vorsichtig die dunklen, ungenießbaren Darmstränge entfernen.

☆ Das ausgelöste Schwanzfleisch sowie die ausgelösten Scheren getrennt bereithalten.

☆ Aus den Krebsschalen einen Krebs-Jus nach dem Rezept auf Seite 20 bereiten.

☆ Die Karotten und den Knollenfenchel in winzige Würfel schneiden und getrennt in wenig Salzwasser knackig garen.

☆ Die Austernpilze feucht abtupfen und ebenfalls in kleine Würfel schneiden. In einer kleinen Kasserolle 25 g Butter schmelzen, darin die Pilzwürfel 2 Minuten dünsten und warm halten.

☆ Für die Sauce den Fischfond und Krebs-Jus in einen mittelgroßen Topf gießen und den Wein zufügen, aufkochen und auf ein Drittel reduzieren.

☆ Abseits vom Feuer die restlichen 150 g kalte Butter in kleinen Flokken mit dem Rührbesen einschwenken. Zuletzt mit Salz und frisch gemahlenem weißem Pfeffer abschmecken.

☆ Die Karotten-, Fenchel- und Pilzwürfel sowie die ausgelösten Krebsschwänze unter die fertige Sauce heben. Kurz aufkochen und auf kleinster Flamme 5 Minuten ziehen lassen, damit sich die Aromen angenehm verbinden. Nochmals abschmecken und gegebenenfalls noch etwas Salz und frisch gemahlenen weißen Pfeffer zufügen.

Anrichten

☆ Das Frikassee auf 4 vorgewärmte tiefe Teller verteilen. Mit den ausgelösten Krebsscheren und etwas fein geschnittener Petersilie garnieren und auftragen.

Zubereitungsdauer: 1 Stunde 10 Minuten.

Hummer »aux aromates«

PETITE NAGE DE HOMARD AUX AROMATES

Zutaten für 4 Personen

4 europäische Hummer
von je etwa 450 g
50 g extra dünne Prinzeßböhnchen
(haricots extra-fins)
100 g Zwiebeln
75 g Karotten
75 g Staudensellerie
70 g weiße Lauchabschnitte
1 TL Weißweinessig
50 g Butter
4 Thymianzweige
2 Lorbeerblätter
1 Knoblauchzehe
½ l Geflügelfond (siehe Seite 12)
½ l trockener Weißwein (Riesling)
6½ dl Sahne
Salz, frisch gemahlener Pfeffer
25 g Petersilie als Garnitur

Zubereiten

☆ Die Hummer unter fließendem Wasser kräftig abbürsten und die Gummibänder, mit denen die Scheren zusammengehalten werden, entfernen. Mit dem Kopf zuerst in einen großen Topf mit sprudelnd kochendem Wasser geben, darin 1 Minute blanchieren. Herausheben, kalt abschrecken und der Länge nach halbieren.

☆ Vorsichtig den dunklen Darmstrang aus dem Schwanzfleisch ziehen und aus dem Kopfstück den Magensack entfernen. Die cremige, grünliche Hummerleber, die eine Delikatesse ist, aus dem Kopf-Brust-Stück mit einem Löffel herausnehmen und in einer kleinen Schüssel für die Sauce bereithalten.

☆ Für die Sauceneinlage die extra dünnen Prinzeßböhnchen in wenig Salzwasser etwa 3–4 Minuten blanchieren, herausnehmen, kalt abschrecken und jedes Böhnchen in zwei Stücke schneiden.

☆ Je 25 g von den Zwiebeln, Karotten, dem Staudensellerie und dem Lauch in feine Streifen schneiden und in Salzwasser, dem man einige Tropfen Weißweinessig zufügt, so garen, daß sie noch leichten Biß haben.

☆ Das restliche Würzgemüse in kleine Würfel schneiden.

☆ In einem großen, weiten Topf 50 g Butter schmelzen und die Gemüsewürfel, den Thymian, die Lorbeerblätter sowie die geviertelte Knoblauchzehe zufügen. Unter ständigem Rühren etwa 2 Minuten dünsten. Danach mit dem Riesling ablöschen, den Geflügelfond zugießen und leicht salzen und pfeffern. Zum Kochen bringen und 5 Minuten kochen lassen.

☆ Die halbierten Hummer mit der aufgeschnittenen Hälfte nach oben in den siedenden Fond legen und zugedeckt etwa 7 Minuten auf kleiner Flamme garen.

☆ Die Hummerhälften herausheben, das Hummerfleisch auslösen und mit Frischhaltefolie abdecken.

☆ Die Hummerschalen schnell im Mörser zerstoßen, zurück in den kochenden Fond geben und darin 5 Minuten kochen lassen.

☆ Danach die Sahne zugießen, nochmals aufkochen und über gelinder Hitze weitere 15 Minuten kochen lassen.

☆ Anschließend durch ein Spitzsieb in einen sauberen Topf gießen, die Rückstände gut auspressen, damit so wenig wie möglich von diesem aromatischen Saucenfond verlorengeht.

☆ Die Hummersauce nochmals aufkochen und die bereitgehaltene Hummerleber mit dem Rührbesen einrühren. Die Sauce abschmekken und eventuell noch etwas Salz und frisch gemahlenen Pfeffer zufügen.

☆ Das ausgelöste Hummerfleisch in eine mittelgroße Kasserolle geben, das Corail und – falls die Hummer welche trugen – die Eier ebenfalls zufügen. Mit den abgetropften Gemüsestreifen bestreuen und mit der Sauce überziehen. Nochmals kurz erhitzen, jedoch nicht mehr zum Kochen bringen.

Anrichten

☆ Die Hummer auf einer großen vorgewärmten Platte anrichten. Mit fein geschnittener Petersilie bestreuen und auftragen.

Zubereitungsdauer: 1 Stunde 30 Minuten.

Hinweis

Dies ist nach wie vor eine der vorzüglichsten Zubereitungsarten für Hummer, bei der der natürliche Hummergeschmack wohl am besten herauskommt. Mit diesem Gericht möchte Pierre Wynants an seinen großartigen Lehrmeister Maixent Coudroy im Brüsseler Savoy erinnern.

Languste Saint-Michel mit Meeresschnecken

LANGOUSTE SAINT-MICHEL AUX CARICOLES

Zutaten für 4 Personen

2 Langusten von 450–500 g
6 Wellhornschnecken (Bulots)
150 g Strandschnecken
(Bigorneaux)
80 g Staudensellerie
50 g Prinzeßböhnchen
10 g Radieschen
25 g Kerbel

Für die Sauce

3 dl Fischfond (siehe Seite 17)
1½ dl trockener Weißwein
(Elsässer oder Loire)
2 kleine Thymianzweige
2 kleine Salbeiblätter
3 dl Sahne
60 g Butter
Selleriesalz, frisch gemahlener
weißer Pfeffer
etwas Zitronensaft

Zubereiten

☆ Die Langusten abkochen, wie auf Seite 24 beschrieben wird. Die gegarten Langusten aus dem Fond heben und halbieren. Den Magensack sowie die dunklen Darmstränge entfernen und die Fühler, die sogenannten Antennen, jeweils um die Hälfte kürzen. Den Langustenfond durch ein Spitzsieb seihen und bereithalten.

☆ Die großen Wellhornschnecken und die kleinen Bigorneaux getrennt voneinander gründlich waschen und abtropfen lassen.

☆ Getrennt in zwei Töpfe geben, so viel Langustenfond zugießen, daß sie gerade bedeckt sind, und zum Kochen bringen. Die großen Wellhornschnecken werden etwa 15–20 Minuten über gelinder Hitze gegart, die kleinen Bigorneaux sind bereits nach 5 Minuten fertig.

☆ Während die Wellhornschnecken noch garen, die Bigorneaux aus dem Sud heben und leicht abkühlen lassen. Das Fleich mit einer Spicknadel oder einer Hummergabel aus dem Gehäuse ziehen.

☆ Mit den gegarten Wellhornschnecken ebenso verfahren, jedoch nach dem Auslösen die Innereien entfernen und das Fleisch in feine Scheibchen schneiden.

☆ Die Selleriestangen in kleine Würfel und die Prinzeßböhnchen in 2 cm lange Stücke schneiden. Getrennt in Salzwasser garen, so daß sie noch Biß haben. Danach abgießen und abtropfen lassen.

☆ Für die Sauce den Fischfond zusammen mit dem Weißwein in eine mittelgroße Kasserolle gießen und den fein zerschnittenen Thymian und Salbei zufügen. Zum Kochen bringen und auf ein Viertel reduzieren. Danach die Sahne einrühren und auf die Hälfte einkochen lassen. Abseits vom Feuer 60 g Butter in kleinen Flocken einschwenken und die Sauce mit Selleriesalz, frisch gemahlenem weißem Pfeffer und einigen Spritzern Zitronensaft abschmecken.

☆ Zum Schluß die Langustenhälften in einen weiten flachen Topf setzen und mit den Meeresschnecken sowie den Selleriewürfeln und Prinzeßböhnchen umlegen.

☆ Die Sauce durch ein feines Sieb über die Langusten gießen, nochmals bis kurz vor dem Siedepunkt erhitzen und zugedeckt etwa 10 Minuten ziehen lassen, damit sich die Aromen verbinden.

Anrichten

☆ Die Langustenhäften auf 4 vorgewärmte flache Teller plazieren. Die Meeresschnecken, die Selleriewürfel sowie die Prinzeßböhnchen darüber verteilen. Mit der Sauce überziehen, mit den fein gewürfelten Radieschen und dem fein geschnittenen Kerbel bestreuen und zu Tisch geben.

Zubereitungsdauer: 1 Stunde 15 Minuten.

Hinweis

Pierre Wynants hat dieses Gericht zur Tausendjahrfeier der Stadt Brüssel kreiert, deren Schutzpatron der heilige Michael ist. Die Stadtfarben Rot und Grün tauchen in der Garnitur wieder auf. Das sanfte Selleriearoma und die eingestreuten Meeresschnecken sind Reminiszenzen an die Meeresschnecken im brodelnden Selleriesud, die Brüsseler Händlerinnen auf ihren Karren an Straßenecken feilbieten.

Langustinenpfanne mit Salatherzen

POÊLÉE DE LANGOUSTINES AUX CŒRS DE LAITUES

Zutaten für 4 Personen

20 fangfrische rohe Langustinenschwänze (Scampi)
100 g Salatherzen
1 feste Fleischtomate
150 g Butter
1 EL Weißweinessig
1½ dl Fischfond (siehe Seite 17)
20 rote Pfefferkörner
60 g frisch ausgelöste
Nordseekrabben
Salz, frisch gemahlener Pfeffer
etwas Schnittlauch als Garnitur

Zubereiten

☆ Die gewaschenen Salatherzen 3–4 Minuten in kochendem Salzwasser blanchieren, herausheben und abtropfen lassen.

☆ Die Fleischtomate brühen, kalt abschrecken, abschälen und
halbieren. Die Kerne ausdrücken und das Fruchtfleisch in kleine Würfel schneiden.

☆ Die rohen Langustinenschwänze vorsichtig aus den Schalen brechen, längs einschneiden und den dunklen Darmstrang entfernen.

☆ In einer großen Pfanne die Butter nußbraun erhitzen. Die Langustinen einlegen und mit Salz und frisch gemahlenem Pfeffer würzen. Über lebhafter Hitze erst auf der einen, dann auf der anderen
Seite anbräunen. Nicht länger als 2 Minuten sautieren, da Langustinen
nur eine sehr kurze Garzeit benötigen. Die sautierten Langustinen
samt ihrer Bratbutter in eine mittelgroße Kasserolle umschütten und
warm halten.

☆ Den Bratfond mit 1 Eßlöffel Weißweinessig ablöschen, den Fischfond zugießen und auf ein Drittel einkochen lassen.

☆ Die blanchierten Salatherzen, die Tomatenwürfel sowie die Pfefferkörner in einen kleinen Topf geben. Mit dem reduzierten Fond
übergießen und die Bratbutter der Langustinen vorsichtig einrühren.
Mit Salz, frisch gemahlenem Pfeffer und eventuell noch einigen Tropfen Weißweinessig abschmecken. Nochmals kurz erhitzen.

Anrichten

☆ Die ausgelösten Nordseekrabben auf 4 vorgewärmte tiefe Teller
verteilen, mit der Sauce überziehen und mit den Tomatenwürfeln sowie den Salatherzen umlegen. Mit etwas fein geschnittenem Schnittlauch garnieren und auftragen.

Zubereitungsdauer: 50 Minuten.

Hinweis

Es genügt völlig, wenn die Nordseekrabben von den
darübergelegten Langustinen erwärmt werden. Abgekochte
Nordseekrabben sollten nicht wieder stark erhitzt oder gar
gekocht werden, da sie dabei ihre Saftigkeit verlieren.

Ragout von Langusten mit Spargel, Morcheln und Puffbohnen

RAGOÛT DE LANGOUSTE AUX ASPERGES, MORILLES ET FÈVES

Zutaten für 4 Personen

2 Langusten von 600−700 g
8 Stangen weißer Spargel
250 g junge Puffbohnen
120 g frische Morcheln
50 g Butter
Saft von ½ Zitrone
1½ dl Spargelbrühe
1½ dl Geflügelfond (siehe Seite 12)
3 dl Sahne
Salz, frisch gemahlener
weißer Pfeffer
1 Tomate und etwas gezupfte
Petersilie als Garnitur

Zubereiten

☆ Die Langusten abkochen, wie auf Seite 24 beschrieben wird. Aus dem Fond heben und den Fond durch ein Sieb seihen. Die Langusten halbieren, das Schwanzfleisch auslösen und den dunklen Darmstrang entfernen. Das Schwanzfleisch im Fond oder in etwas Geflügelbrühe bereithalten.

☆ Den Spargel schälen und die holzigen Stielenden wegschneiden. Den Spargel in nicht zu salzigem Wasser garen, wie auf Seite 62 beschrieben wird. Anschließend die Stangen jeweils in 4 Stücke schneiden.

☆ Die Tomate, die für die Garnitur benötigt wird, brühen, kalt abschrecken, schälen und die Kerne entfernen. Aus dem Fruchtfleisch 12 schöne Rauten von etwa 1½ cm Länge schneiden.

☆ Die Puffbohnen aushülsen und wie auf Seite 119 beschrieben mit etwas Bohnenkraut garen.

☆ Inzwischen die erdigen Stielenden der Morcheln beschneiden. Die Morcheln einige Zeit in kaltes Wasser legen, danach halbieren und alle Sandreste gründlich abspülen. Die Köpfe in etwa 2 cm große Stücke, die etwas zähen Stiele in dünne Streifen schneiden.

☆ Die geputzten Morcheln in 20 g Butter etwa 2 Minuten dünsten, dabei einige Spritzer Zitrone zufügen. Anschließend je 1½ dl Spargel- und Geflügelfond zugießen, zum Kochen bringen und 2−3 Minuten kochen lassen. Danach die Morcheln mit einer Schaumkelle aus dem Fond heben und bereithalten.

☆ Diesen Fond nun auf ein Drittel einkochen, die Sahne zugießen und nochmals auf ein Drittel einkochen lassen. Abseits vom Feuer die restlichen 30 g Butter in kleinen Flocken mit dem Schneebesen einschwenken.

☆ Die Sauce mit Salz, frisch gemahlenem weißem Pfeffer sowie einigen Tropfen Zitronensaft abschmecken.

☆ Die Puffbohnen, den Spargel und die Morcheln in die Sauce einlegen und warm halten.

☆ Die Langustenhälften im Fond wieder erhitzen, jedoch nicht aufkochen. Herausheben, abtropfen lassen und ebenfalls in die Sauce legen. Über ganz gelinder Hitze etwa 5 Minuten ziehen lassen, damit sich die Aromen verbinden.

Anrichten

☆ Die Langustenhälften auf 4 vorgewärmte flache Teller plazieren, mit der Sauce überziehen und darüber die Gemüseeinlage verteilen. Mit den Tomatenrauten sowie etwas gezupfter Petersilie garnieren und auftragen.

Zubereitungsdauer: 1 Stunde 40 Minuten.

Hinweis

Man sollte daran denken, Saucenlöffel neben die Teller zu legen, denn die Sauce ist eine Köstlichkeit, die sicherlich bis zum letzten Rest goutiert wird.

Salat von Chicorée und Brunnenkresse mit Jakobsmuscheln
Rezept Seite 70

Herbstlicher Gemüsetopf mit Rosenkohl
Rezept Seite 114

Aalragout mit feinen Kräutern
Rezept Seite 76

Waterzooi von Kabeljau nach flämischer Art
Rezept Seite 83

Gemüsebeilagen

Pommes frites – wie sie sein sollen

Kartoffelgratin mit Rosmarin

Kartoffelküchlein

Kartoffeln nach flämischer Art

Mousse von Kartoffeln mit Kresse und Sauerampfer

Kartoffelpüree nach Brabanter Art

Kartoffelkroketten mit Zuckermais

Herbstlicher Gemüsetopf mit Rosenkohl

Gedünsteter Chicorée mit kandiertem Ingwer

Karottenstreifen mit kandiertem Ingwer

Lauchküchlein

Zuckermais mit Speckstreifen und frischem Thymian

Puffbohnen in Rahm mit frischem Bohnenkraut

Preiselbeerkompott zu Wild

Sautierte Selleriewürfel

Sautierte Waldpilze

Trüffel – wie ich sie liebe

Pommes frites – wie sie sein sollen

DE BONNES POMMES FRITES

Zutaten für 4 Personen
1½ kg große Kartoffeln (Bintje)
2 kg pflanzliches Fritürenfett
Salz

Zubereiten

☆ Die Kartoffeln – sie sollen möglichst groß und länglich-oval sein – schälen, waschen und abtropfen lassen.

☆ Danach in schöne, gleichmäßige Stäbchen von 1 cm Dicke und 6–7 cm Länge schneiden. Ungleichmäßig geformte Stäbchen vom Rand sollten aussortiert werden. Nicht mehr waschen, sondern in einem Küchentuch oder mit Küchenpapier trockentupfen.

☆ Die Friteuse auf 160°C (Thermostat 6) erhitzen. Die Hälfte der Kartoffelstäbchen einlegen und in 5 Minuten fast gar ausbacken. Aus dem heißen Fett heben und über der Friteuse unter leichtem Schütteln abtropfen lassen. Auf Küchenpapier in einer Schüssel entfetten. Mit den restlichen Kartoffelstäbchen ebenso verfahren.

☆ Danach mindestens 30 Minuten ruhen lassen.

☆ Kurz vor dem Servieren die Friteuse auf 190°C (Thermostat 9½) erhitzen. Nochmals zuerst die eine, dann die andere Hälfte der vorfritierten Kartoffelstäbchen in das heiße Fett geben und 1 Minute fritieren, dabei ein- oder zweimal vorsichtig durchschütteln. Die Pommes frites sollen eine tiefgoldene Farbe annehmen.

☆ Anschließend herausheben und wie beim Vorfritieren über der Friteuse abtropfen lassen.

Anrichten

☆ Eine vorgewärmte flache Schüssel mit einer großen weißen saugfähigen Papierserviette auslegen. Darauf die Pommes frites geben und erst jetzt mit Salz bestreuen. Sofort servieren.

Zubereitungsdauer: 30 Minuten.

Hinweis

Auf diese Art ausgebacken, werden die Pommes frites köstlich knusprig mit einem weichen Kern. Damit sie sich nicht mit Fett vollsaugen, ist das exakte Einhalten der Temperatur sehr wichtig – mit einer elektrischen Friteuse ein Kinderspiel. Ansonsten muß man die Fettemperatur mit einem Zuckerthermometer überprüfen.

Sehr gut, allerdings schwerer und weniger verträglich werden die Pommes frites, wenn man sie in Nierenfett ausbackt. So wurde es früher auch im »Comme chez Soi« gehandhabt, bis Pierre Wynants nach den neueren diätetischen Erkenntnissen ein rein pflanzliches Fritürenfett aus Sonnenblumenkernen einführte. Nach jedem Fritieren sollte das Fett gefiltert, und nach spätestens zehnmaligem Gebrauch muß es erneuert werden. Außerdem muß man darauf achten, daß die Pommes frites nie über der Friteuse gesalzen werden, da Salz das Ausbackfett verdirbt.

Dieses Rezept wurde mit einer großen elektrischen Haushaltsfriteuse ausgeführt. Benutzt man eine kleinere, muß in mehr als 2 Partien fritiert werden.

Die Pommes frites dürfen im Fritierkorb nicht zu hoch übereinander eingefüllt werden, damit die Temperatur gehalten und nicht zu sehr abgesenkt wird. Bei einer niedrigen Temperatur bleiben die Pommes frites weich und werden nicht knusprig.

Schneidet man die Kartoffelstäbchen dünner, so muß man sie bei einer höheren Temperatur kürzere Zeit vorfritieren.

Kartoffelgratin mit Rosmarin

GRATIN DE POMMES DE TERRE AU ROMARIN

Zutaten für 4 Personen
400 g geschälte Kartoffeln (Bintje)
2½ dl Milch
1 dl Sahne
5 g frischer Rosmarin
1 kleine Knoblauchzehe
Salz, frisch gemahlener
weißer Pfeffer

Zubereiten

☆ Die Milch, die Sahne sowie den Rosmarin in eine Kasserolle geben und zum Kochen bringen. Nach dem Aufkochen vom Feuer nehmen und 5 Minuten ziehen lassen. Diese Infusion mit Salz und frisch gemahlenem weißem Pfeffer abschmecken, durch ein feines Sieb seihen und bereithalten.

☆ Inzwischen die geschälten Kartoffeln mit einer »Mandoline«, einem Spezialhobel, in 3 mm dünne Scheiben schneiden. Die Kartoffelscheiben abspülen und trockentupfen.

☆ Eine flache, ofenfeste Gratinierform von etwa 22 cm Durchmesser mit der halbierten Knoblauchzehe ausreiben. Die Kartoffelscheiben einander dachziegelartig überlappend einschichten. Die Rosmarininfusion vorsichtig angießen und die Ränder der Form sauber abwischen.

☆ Das Gratin in den 200° C heißen Ofen geben und 25 Minuten backen.

Anrichten

☆ Sehr heiß in der Form servieren.

Zubereitungsdauer: 45 Minuten.

Hinweis

Dieses Gratin – eine Abwandlung des klassischen Gratin dauphinois, aber ohne Käse und deshalb leichter – kann bereits einige Zeit vor dem Servieren zubereitet werden. Es wird dann an einen warmen Platz gestellt und vor dem Servieren nochmals kurz in den heißen Ofen geschoben.

Kartoffelküchlein

PETITES GALETTES DE POMMES DE TERRE

Zutaten für 4 Personen

600 g geschälte Kartoffeln (Bintje)
25 g Butter
1 dl Erdnußöl
Salz, frisch gemahlener Pfeffer

Zubereiten

☆ Die geschälten und gewaschenen Kartoffeln mit einem Spezialhobel oder mit einem Messer in dünne Stäbchen oder Streifchen von 1½ mm Dicke schneiden. In eine Schüssel geben und nicht mehr waschen.

☆ Die Butter schmelzen und über die Kartoffelstäbchen träufeln. Mit Salz und frisch gemahlenem Pfeffer vorsichtig würzen und gut mischen.

☆ In einer großen Pfanne mit Antihaftbeschichtung 2 Eßlöffel Öl über mittelstarker Flamme erhitzen und 5–6 kleine Häufchen Kartoffeln – jeweils 1 gehäufter Eßlöffel – mit genügend Seitenabstand hineingeben. Mit dem Löffelrücken zu flachen Küchlein formen. Diese sollen sehr dünn sein, damit sie schön kroß werden. Partienweise im heißen Öl von beiden Seiten goldbraun und knusprig braten, bis die Kartoffelmasse aufgebraucht ist. Immer wenn nötig, etwas Öl nachgießen.

☆ Die fertigen Küchlein auf eine flache, ofenfeste Platte legen und mit etwas Salz bestreuen.

☆ Unmittelbar vor dem Servieren für 2 Minuten in den 200° C heißen Ofen schieben, damit die Kartoffelküchlein warm und knusprig auf den Tisch kommen.

Zubereitungsdauer: 30 Minuten.

Hinweis

*Die Kartoffeln sollten nach dem Zerkleinern nicht
lange stehen, sondern zügig verarbeitet werden, damit sie
sich nicht dunkel verfärben.*

Kartoffeln nach flämischer Art

POMMES DE TERRE À LA FLAMANDE

Zutaten für 8 Personen
1 kg geschälte Kartoffeln (Bintje)
150 g gesalzener Speck
200 g Zwiebeln
500 g Karotten
30 g Butter
1¼ l Rinder- oder Geflügelfond
(siehe Seite 12)
30 g entstielte Petersilie
Salz, frisch gemahlener Pfeffer

Zubereiten

☆ Den gesalzenen Speck in dünne Scheiben und diese in etwa 3 mm dünne Streifen schneiden. Die Speckstreifen in kochendem Wasser etwa 1 Minute blanchieren. Danach in ein Spitzsieb schütten und abtropfen lassen.

☆ Inzwischen die Zwiebeln in feine Würfel und die Karotten in 2 cm lange und ½ cm dicke Stäbchen schneiden.

☆ In einem flachen weiten Topf die Butter schmelzen. Darin die Speckstreifen und die Zwiebelwürfel etwa 2 Minuten anschwitzen, ohne daß sie Farbe annehmen. Anschließend die Karottenstäbchen zufügen und weitere 2 Minuten dünsten. Danach ½ Liter Fond angießen und zum Kochen bringen. Mit einem passend zurechtgeschnittenen Stück Aluminiumfolie sowie einem Deckel bedecken und über gelinder Hitze 10 Minuten garen.

☆ Inzwischen die geschälten Kartoffeln in 1½ cm große Würfel schneiden und nach Ablauf der 10 Minuten unter die Karotten-Zwiebel-Mischung heben. Anschließend den restlichen Fond angießen und vorsichtig mit Salz und frisch gemahlenem Pfeffer würzen. Wieder mit Aluminiumfolie und Deckel bedeckt zum Kochen bringen und über gelinder Hitze 15 Minuten kochen lassen, bis die Kartoffelwürfel weich sind.

Anrichten

☆ In einer vorgewärmten Schüssel anrichten und mit der fein geschnittenen Petersilie bestreuen. Sofort servieren.

Zubereitungsdauer: 1 Stunde.

Hinweis

Dieses Kartoffelgericht kann man zu einem einfachen Braten, aber auch zu pochiertem Fleisch, etwa zu gekochter Rinderbrust, servieren.

Mousse von Kartoffeln mit Kresse und Sauerampfer

MOUSSE DE POMMES DE TERRE AU CRESSON ET À L'OSEILLE

Zutaten für 4 Personen
250 g geschälte Kartoffeln (Bintje)
5 cl Geflügelfond (siehe Seite 12)
50 g entstielte Brunnenkresse
25 g Sauerampferblätter
15 g Butter
Saft von ½ Zitrone
Salz, frisch gemahlener
weißer Pfeffer

Zubereiten

☆ Die geschälten und gewaschenen Kartoffeln in gleichmäßige Stücke schneiden und in Salzwasser in etwa 15 Minuten weich kochen.

☆ Anschließend das Wasser abgießen, die Kartoffeln zurück auf den Herd geben und über gelinder Hitze etwa 1 Minute trockendämpfen, dabei mehrmals umrühren.

☆ Die Kartoffeln durch die Kartoffelpresse in eine Schüssel treiben und die Butter mit einem Holzlöffel einarbeiten. Das Püree dabei so glatt wie möglich rühren.

☆ Inzwischen den Geflügelfond mit der grob zerpflückten Brunnenkresse sowie den Sauerampferblättern in den Mixer geben und zu einem glatten Püree verarbeiten.

☆ Das Kräuterpüree gut mit dem Kartoffelpüree vermischen und mit Salz, frisch gemahlenem weißem Pfeffer sowie einigen Spritzern Zitronensaft abschmecken.

Anrichten

☆ Unmittelbar vor dem Servieren nochmals kurz erhitzen und sofort zu Tisch geben.

Zubereitungsdauer: 30 Minuten.

Hinweis
Das Püree sollte nicht lange warm gehalten werden, damit es seinen frischen Geschmack und seine schöne grüne Farbe behält. Es ist eine vorzügliche Beilage zu jeglicher Art von Braten, Geflügel oder Fisch.

Kartoffelpüree nach Brabanter Art

STOEMP AUX POIREAUX

Zutaten für 4 Personen

500 g geschälte Kartoffeln (Bintje)
350 g weiße Lauchabschnitte
50 g Butter
1 dl Geflügelfond (siehe Seite 12)
2 dl Sahne
Salz, frisch gemahlener
weißer Pfeffer

Zubereiten

☆ Die geschälten und gewaschenen Kartoffeln in große, regelmäßige Stücke schneiden. 10 Minuten in reichlich Salzwasser weich garen.

☆ Anschließend das Kochwasser abgießen und die Kartoffeln über gelinder Hitze etwa 1 Minute trockendämpfen, dabei von Zeit zu Zeit durchschütteln, damit alle Feuchtigkeit verdampft. Die Kartoffeln anschließend durch die Kartoffelpresse passieren.

☆ Inzwischen die weißen Lauchabschnitte in feine Streifen schneiden.

☆ In einem mittelgroßen Topf die Butter zerlaufen lassen. Die Lauchstreifen zufügen und 2–3 Minuten dünsten. Danach den Geflügelfond zugießen und zum Kochen bringen. Anschließend die Sahne einrühren, erneut aufkochen und vorsichtig salzen. Zugedeckt etwa 10 Minuten auf kleiner Flamme kochen lassen.

☆ Die gegarten Lauchstreifen mit einer Schaumkelle aus dem Sahnefond heben und bereithalten.

☆ Den Sahnefond zurück aufs Feuer geben und auf zwei Drittel der ursprünglichen Flüssigkeitsmenge einkochen lassen.

☆ Die Lauchstreifen wieder in den reduzierten Saucenfond einlegen und die passierten Kartoffeln mit einem Holzlöffel einarbeiten. Mit Salz und frisch gemahlenem weißem Pfeffer abschmecken.

☆ Bis zum Servieren im Wasserbad warm halten, da dieser Stoemp leicht am Topfboden ansetzt.

Zubereitungsdauer: 50 Minuten.

Hinweis

Für den Feinschmecker ist der Stoemp – ein rustikales Gericht der Brabanter Küche, bei dem Kartoffeln mit anderen gekochten Gemüsen vermengt und gut abgeschmeckt werden – gerade wegen seiner raffinierten Einfachheit eine interessante Abwechslung. Man kann ihn als Beilage zu pochiertem, gebratenem oder gegrilltem Fleisch reichen, aber auch als vegetarischen Eintopf servieren. Am Tag vorher zubereitet und kurz vor dem Auftragen wieder erwärmt, gewinnt er noch an Geschmack.

Kalbsnieren mit Champignons und Wacholderbeeren
Rezept Seite 136

Pochierte Lammzungen in grüner Sauce
Rezept Seite 135

Kartoffelkroketten mit Zuckermais

CROQUETTES DE POMMES DE TERRE AU MAÏS

Zutaten für 4 Personen
350 g geschälte Kartoffeln (Bintje)
125 g Zuckermaiskörner
50 g Butter
1 Eigelb
25 g geriebener Käse
(Pelgrim oder Emmentaler)
3 EL Erdnußöl
1 EL Mehl
Salz, frisch gemahlener
weißer Pfeffer
Muskatnuß

Zubereiten

☆ Die geschälten Kartoffeln in gleichmäßige Stücke schneiden, in gesalzenem Wasser aufsetzen und in etwa 15 Minuten weich kochen. Anschließend das Wasser abschütten. Die Kartoffeln noch etwa 1 Minute trockendämpfen, dabei ständig durchschwenken, damit alle Feuchtigkeit verdampft.

☆ Anschließend die Kartoffeln durch die Kartoffelpresse treiben. Mit einem Holzlöffel 25 g Butter und das Eigelb einrühren. Kräftig durcharbeiten, bis eine homogene Masse entsteht.

☆ Danach den geriebenen Käse sowie die Maiskörner (man kann dazu eine gute Dosenware verwenden) unter die Masse heben. Mit Salz, frisch gemahlenem weißem Pfeffer und reichlich geriebener Muskatnuß würzen.

☆ Die Masse in einen Spritzbeutel ohne Tülle geben und auf ein gefettetes Blech kleine Häufchen setzen. Diese werden mit einem Palettenmesser leicht abgeflacht und in eine gleichmäßige Form gebracht.

☆ Nachdem die Kartoffelplätzchen abgekühlt sind, werden sie in etwas gesiebtem Mehl gewendet.

☆ Inzwischen das Öl und die restliche Butter auf zwei große Pfannen mit Antihaftbeschichtung verteilen und über mittlerer Flamme erhitzen.

☆ Die Kartoffelkroketten einlegen, leicht anbräunen, danach wenden. Über gelinder Hitze weitere 4−5 Minuten braten.

☆ Die Kartoffelkroketten sehr heiß servieren.

Zubereitungsdauer: etwa 45 Minuten.

Herbstlicher Gemüsetopf mit Rosenkohl

STOEMP D'AUTOMNE AUX CHOUX DE BRUXELLES

Zutaten für 8 Personen

500 g Rosenkohl
500 g Wirsingkohl
400 g Zwiebeln
250 g Karotten
250 g weiße Lauchabschnitte
200 g weiße Rübchen
100 g Staudensellerie
1 kg geschälte Kartoffeln (Bintje)
1 Bouquet garni
(2 Thymianzweige, 1 Lorbeerblatt
und einige Petersilienstengel)
100 g Butter
1½ dl Geflügelfond (siehe Seite 12)
Salz, frisch gemahlener
weißer Pfeffer

Zubereiten

☆ Die geputzten und gewaschenen Kohlröschen halbieren.

☆ Den Wirsingkohl in feine Würfel schneiden.

☆ Die Zwiebeln in feine Würfel schneiden.

☆ Die Karotten, die Lauchabschnitte, die weißen Rübchen und den Staudensellerie in kleine Rauten schneiden.

☆ In einem weiten flachen Topf die Butter schmelzen und darin das Gemüse 10 Minuten unter ständigem Rühren dünsten, ohne Farbe zu geben.

☆ Anschließend den Geflügelfond und das Bouquet garni zufügen. Mit etwas Salz und frisch gemahlenem weißem Pfeffer würzen und zum Kochen bringen. Zugedeckt über gelinder Hitze 30 Minuten garen.

☆ Inzwischen die geschälten und gewaschenen Kartoffeln in 1 cm große Würfel schneiden und unter die Gemüsemischung heben. Weitere 20 Minuten über gelinder Hitze garen, dabei von Zeit zu Zeit umrühren.

☆ Kurz vor dem Anrichten kräftig mit dem Rührbesen durchmischen. Dabei dürfen die Kartoffelwürfel ruhig zerdrückt werden, da sie so das Gemüseragout binden.

Anrichten

☆ In einer vorgewärmten tiefen Schüssel sehr heiß servieren.

Zubereitungsdauer: 1 Stunde 30 Minuten.

Hinweis

Dies ist ein typisch belgisches Gericht, rustikal und sättigend, das zu pochiertem, gebratenem und gegrilltem Fleisch gereicht wird.

Gedünsteter Chicorée mit kandiertem Ingwer

TOMBÉE DE WITLOOFS AU GINGEMBRE

Zutaten für 4 Personen
1 kg Chicorée
60 g Butter
Saft von ½ Zitrone
20 g kandierter Ingwer
2 TL Ingwersirup
1 dl Geflügelfond (siehe Seite 12)
Salz, frisch gemahlener
weißer Pfeffer
20 g Koriandergrün

Zubereiten

☆ Den Chicorée – es sollen kurze, fest geschlossene weiße Sprossen sein – putzen, indem man den bitteren Strunk keilförmig herausschneidet und, falls nötig, beschädigte Blattspitzen entfernt. Anschließend die Sprossen waschen, gründlich abtropfen lassen und in 1 cm breite Streifen schneiden.

☆ In einer mittelgroßen Kasserolle die Butter schmelzen. Darin über mittlerer Hitze die Chicoréestreifen etwa 3−4 Minuten dünsten, ohne Farbe zu geben. Mit Salz, frisch gemahlenem weißem Pfeffer sowie einigen Spritzern Zitronensaft würzen.

☆ Unterdessen den kandierten Ingwer fein schneiden und zusammen mit seinem Sirup zu den Chicoréestreifen geben.

☆ Den Geflügelfond oder die gleiche Menge Wasser zugießen und zum Kochen bringen.

☆ Zugedeckt auf kleiner Flamme etwa 15 Minuten dünsten, dabei von Zeit zu Zeit umrühren.

☆ Die schmelzendweich gedünsteten Chicoréestreifen nochmals mit Salz, etwas Pfeffer und einigen Tropfen Zitronensaft abschmecken.

Anrichten

☆ Die Chicoréestreifen in eine vorgewärmte Gemüseschüssel geben, mit den Korianderblättchen bestreuen und auftragen.

Zubereitungsdauer: 35 Minuten.

Karottenstreifen mit kandiertem Ingwer

JULIENNE DE CAROTTES ET GINGEMBRE

Zutaten für 4 Personen
400 g junge Karotten
60 g kandierter Ingwer
60 g Butter
Salz, frisch gemahlener
weißer Pfeffer

Zubereiten

☆ Die geputzten zarten Karotten in Streifen von 3 cm Länge und 3 mm Dicke schneiden.

☆ Die kandierten Ingwerknollen aus dem Sirup heben, abtropfen lassen und in ganz feine Streifen schneiden.

☆ Die Butter schmelzen, jedoch nicht zu heiß werden lassen, und die Karottenstreifen einrühren. Etwa 5 Minuten unter ständigem Rühren anschwitzen. Danach zudecken und auf ganz kleiner Flamme 10 Minuten dünsten, dabei einige Male umrühren. Die Karotten sollen noch einen leichten Biß haben.

☆ Anschließend die Ingwerstreifen einrühren und etwa 30 Sekunden mitdünsten.

☆ Zum Schluß mit Salz und wenig frisch gemahlenem weißem Pfeffer würzen.

Zubereitungsdauer: 30 Minuten.

Hinweis
*Das Gemüse kann fertiggestellt und kurz vor dem Servieren
wieder aufgewärmt werden.*

Lauchküchlein

PETITES CRÊPES AUX BLANCS DES POIREAUX

Zutaten für 4 Personen
220 g weiße Lauchabschnitte
1 großes Ei
100 g Mehl
1½ dl Milch
45 g Butter
Salz, frisch gemahlener
weißer Pfeffer

Zubereiten

☆ Die gewaschenen und gut abgetropften Lauchabschnitte ganz fein zerschneiden. Über gelinder Hitze in 25 g Butter nicht zu weich dünsten. Danach in ein Abtropfsieb geben und den Saft in einem Topf auffangen. Den Saft zurück aufs Feuer stellen und stark einkochen lassen, bis die Flüssigkeit fast gänzlich verdampft ist. Vom Feuer nehmen, die Lauchabschnitte wieder einlegen und abkühlen lassen. Inzwischen das Ei in einer Schüssel aufschlagen, das Mehl darübersieben und beides zu einer homogenen Masse verarbeiten. Anschließend die Milch nach und nach einrühren. Zuletzt die abgekühlten Lauchabschnitte unterheben und mit Salz und frisch gemahlenem weißem Pfeffer würzen.

☆ In einer großen Pfanne mit Antihaftbeschichtung 5 g Butter erhitzen. Nacheinander jeweils 4−5 Eßlöffel Teig in die Pfanne geben und daraus flache Küchlein formen, ohne daß diese sich berühren. Die Küchlein goldgelb ausbacken, dabei nach 2 Minuten wenden.

☆ Die fertigen Lauchküchlein auf eine Servierplatte geben und kurz vor dem Servieren nochmals im Ofen oder unter dem Grill heiß werden lassen.

Zubereitungsdauer: 40 Minuten.

Zuckermais mit Speckstreifen und frischem Thymian

GRAINS DE MAÏS AUX FINS LARDONS FUMÉS ET AU THYM FRAIS

Zutaten für 4 Personen
4 frische Maiskolben
50 g Räucherspeck
1 kleine Schalotte
2 Thymianzweige
25 g Butter
1½ dl Geflügelfond (siehe Seite 12)
Salz, frisch gemahlener Pfeffer

Zubereiten

☆ Die Maiskolben abspülen und die Körner mit einem Messer abstreifen.

☆ Die Schalotte in kleine Würfel schneiden und die Thymianblättchen von den Stielen zupfen.

☆ Die Schwarte vom Räucherspeck abschneiden, den Speck in sehr dünne Scheiben und diese in feine Streifen schneiden.

☆ In einer mittelgroßen Kasserolle die Butter über lebhaftem Feuer erhitzen und darin die Speckstreifen anbraten. Vom Feuer nehmen. Etwas abkühlen lassen, damit die Schalottenwürfel, die jetzt dazugegeben werden, nicht verbrennen. Die Schalottenwürfel etwa 2 Minuten dünsten, jedoch keine Farbe annehmen lassen.

☆ Anschließend die Maiskörner zusammen mit den abgezupften Thymianblättchen zufügen und den Geflügelfond angießen.

☆ Das Ganze mit etwas Salz und frisch gemahlenem Pfeffer würzen. Zum Kochen bringen und zugedeckt auf kleiner Flamme etwa 15 Minuten kochen lassen.

☆ Anschließend nochmals abschmecken und zu Tisch geben.

Zubereitungsdauer: 40 Minuten.

Puffbohnen in Rahm mit frischem Bohnenkraut

FÈVES DE MARAIS À LA SARRIETTE

Zutaten für 4 Personen
1¼ kg Puffbohnen
2 Stiele Bohnenkraut
1 dl Sahne
30 g entstielte Blattpetersilie
Salz, frisch gemahlener
weißer Pfeffer

Zubereiten

☆ Die Puffbohnen erst unmittelbar vor der Verarbeitung aushülsen. Die angegebene Menge ergibt etwa 300 g Bohnenkerne.

☆ Die frisch ausgehülsten Bohnenkerne in kochendem Wasser 1 Minute blanchieren, herausheben und kalt abschrecken. Anschließend die Bohnenkerne abschälen.

☆ Die Blätter des Bohnenkrauts von den Stielen streifen und fein zerschneiden.

☆ Einen Topf mit leicht gesalzenem Wasser aufsetzen, die Bohnenkrautstiele zufügen und zum Kochen bringen. In das kochende Wasser die geschälten Bohnenkerne einstreuen und so garen, daß sie noch Biß haben. Wenn sie sehr jung sind, dauert dies nur wenige Minuten.

☆ Die gegarten Bohnenkerne sofort aus dem Sud heben und abtropfen lassen. Die Bohnenkrautstiele entfernen.

☆ Inzwischen die Sahne in einer mittelgroßen Kasserolle aufkochen und auf die Hälfte reduzieren.

☆ Die gut abgetropften Bohnenkerne in die Sahnereduktion einlegen, das fein geschnittene Bohnenkraut einstreuen und mit Salz und frisch gemahlenem weißem Pfeffer würzen. Kurz aufkochen lassen, nochmals abschmecken und unmittelbar vor dem Servieren die fein geschnittene Blattpetersilie unterheben.

Zubereitungsdauer: 45 Minuten.

Preiselbeerkompott zu Wild

AIRELLES AU SIROP

Zutaten für etwa 750 g
500 g Preiselbeeren
375 g feiner Kristallzucker

Zubereiten

☆ Die Preiselbeeren waschen, dabei alle Blättchen und alle weißlichen oder dunkel verfärbten Beeren entfernen. Die roten, vollreifen Beeren auslesen und auf einem sauberen Küchentuch gründlich abtropfen lassen.

☆ In einem nicht zu großen Topf die Preiselbeeren mit dem Zucker vermischen. Über mittlerer Hitze den Zucker langsam schmelzen lassen, dabei von Zeit zu Zeit umrühren. Sobald der Zucker flüssig ist, die Hitze verstärken und das Preiselbeerkompott zum Kochen bringen.

☆ Nach dem Aufkochen den Sirup durch ein Spitzsieb in einen sauberen kleineren Topf abpassieren. Die Preiselbeeren in einer Schale bereithalten.

☆ Den Sirup erneut zum Kochen bringen und über reduzierter Hitze 20 Minuten unter ständigem Rühren weiterkochen.

☆ Den konzentrierten Sirup anschließend wieder mit den Preiselbeeren vermischen.

Zubereitungsdauer: 45 Minuten.

Hinweis

Dieses Preiselbeerkompott ist eine vorzügliche Beilage zu Wild. Man sollte es heiß servieren, da sich so das Aroma der Preiselbeeren am besten entfaltet.

Sautierte Selleriewürfel

PETITS DÉS DE CÉLERI RAVE SAUTÉS

Zutaten für 4 Personen
400 g geschälte Knollensellerie
80 g Butter
1 TL Salz, frisch
gemahlener Pfeffer

Zubereiten

☆ Die geschälte Sellerieknolle in 1½ cm große Würfel schneiden.

☆ Einen mittelgroßen Topf mit Wasser füllen, 1 Teelöffel Salz zufügen und zum Kochen bringen. Die Selleriewürfel hineingeben und so kochen, daß sie noch Biß haben.

☆ Danach das Wasser abschütten und die Selleriewürfel auf einem sauberen Küchentuch gründlich abtropfen und abkühlen lassen.

☆ Anschließend die Butter in einer heißen Pfanne erhitzen. Die Selleriewürfel in die nußbraune Butter geben und von allen Seiten anbräunen.

☆ Mit Salz sowie ganz wenig frisch gemahlenem Pfeffer würzen und sofort auftragen.

Zubereitungsdauer: 30 Minuten.

Hinweis
Diese Selleriewürfel sind eine vorzügliche Beilage zu Wild.
Man kann sie statt Kartoffeln servieren. Sie sollen erst
kurz vor dem Servieren gebraten werden, da sie bei längerem
Stehen weich und unansehnlich werden.

Sautierte Waldpilze

POÊLÉE DE CHAMPIGNONS SAUVAGES

Zutaten für 4 Personen
400 g Waldpilze
80 g Butter
Salz, frisch gemahlener Pfeffer

Zubereiten

☆ Die Waldpilze – je nach Jahreszeit eine oder mehrere Sorten – möglichst nicht waschen, sondern mit einer kleinen Bürste abbürsten oder mit einem feuchten Tuch abwischen.

☆ Anschließend in gleichmäßig dicke Scheiben schneiden.

☆ Die Butter in einer großen Pfanne erhitzen und die Pilze zufügen.

☆ Über lebhaftem Feuer nur etwa 2 Minuten unter ständigem Rühren anbräunen.

☆ Die Pilze mit Salz und frisch gemahlenem Pfeffer würzen, noch einmal durchrühren und sofort servieren.

Die Zubereitungsdauer hängt vom Verschmutzungsgrad der Pilze ab.

Hinweis
*Das besondere Aroma der Waldpilze kommt am besten
zur Geltung, wenn man sie nur kurz bei lebhafter Hitze
brät und ohne weitere Zutaten ganz naturell beläßt.*

Trüffel – wie ich sie liebe

LES TRUFFES COMME JE LES AIME

Zutaten für 4 Personen
240 g frische schwarze Trüffeln
70 g Butter
6 cl Trüffel-Jus (1. Qualität)
2 EL Kalbsfond (siehe Seite 13)
grobes Salz
frisch gemahlener Pfeffer
1 französisches Stangenbrot

Zubereiten

☆ Die Trüffeln sollen je 30–35 g wiegen und bereits gebürstet sein. Trotzdem muß man sich vergewissern, daß an den Schalen keine winzigen Erdreste mehr haften. Ist dies aber der Fall, dann sollte man die Trüffeln kurze Zeit in lauwarmes Wasser legen und anschließend mit der Spitze eines kleinen Küchenmessers alle Erdreste vorsichtig wegkratzen.

☆ Die Trüffeln in gleichmäßige Scheiben von 4 mm Dicke schneiden. Auf einen Porzellanteller legen und sofort mit Frischhaltefolie abdecken.

☆ In einem flachen weiten Topf 50 g Butter über mittlerer Hitze schmelzen und die Trüffelscheiben möglichst in einer Schicht in die nußbraune Butter legen. Etwa 2 Minuten dünsten und mit ein wenig Salz und frisch gemahlenem Pfeffer würzen.

☆ Mit dem Trüffel-Jus ablöschen und zugedeckt über gelinder Hitze etwa 3–4 Minuten dünsten. Die Trüffelscheiben sollen noch einen leichten Biß haben.

☆ Danach den Deckel abheben und behutsam den Kalbsfond einrühren.

☆ Abseits vom Feuer die restliche Butter in kleinen Flocken einschwenken. Die Sauce abschmecken.

☆ Das Stangenbrot in 1 cm dicke Scheiben schneiden und toasten.

Anrichten

☆ Die Trüffelscheiben auf 4 vorgewärmte Teller verteilen und sofort auftragen. Warmen Toast, frische ungesalzene Butter sowie Salz aus der Salzmühle getrennt dazu reichen.

☆ Die Toastscheiben mit reichlich Butter bestreichen, mit einer Trüffelscheibe belegen, etwas Sauce darüberträufeln und ein wenig Salz darübermahlen. So wird jeder Biß zu einem himmlischen Erlebnis!

Zubereitungsdauer: 15 Minuten.

Hinweis

Dies ist ein Gericht von größter Delikatesse und unübertrefflicher Einfachheit. Man sollte es im Februar zubereiten, wenn die schwarzen Wintertrüffeln den Höhepunkt ihrer Reife und ihres Aromas erreicht haben.
Zu einem sublimen Gericht ein hochfeiner Wein: ein Château Pétrus, ein großer Bordeaux, überaus körper- und bouquetreich mit einem ausgeprägten Duft von Trüffeln.

Fleisch und Innereien

Filetspitzen mit Kalbsnierenwürfeln
in flandrischer Biersauce

Gratinierter Kalbsbug mit Rindermark
und Schalotten

Pochierte Keule vom Pauillac-Lamm mit
Feldthymian

Lammragout Champvallon
Genter Topf

Pochierte Lammzungen in grüner Sauce

Kalbsnieren mit Champignons
und Wacholderbeeren

Ragout von Kalbsbries mit grünem Spargel,
Trüffeln und Sellerie

Filetspitzen mit Kalbsnierenwürfeln in flandrischer Biersauce

SAUTÉ MINUTE DE BŒUF ET DE ROGNON DE VEAU FLANDRIENNE

Zutaten für 4 Personen
500 g Filetspitzen
1 Kalbsniere
600 g Zwiebeln
150 g Butter
1 EL brauner Rohrzucker
1 EL Branntweinessig
2½ dl dunkles belgisches Bier (Rodenbach)
5 dl Geflügelfond (siehe Seite 12)
2 EL mittelscharfer Senf
Salz, frisch gemahlener weißer Pfeffer

Zubereiten

☆ Die Filetspitzen in 2 cm große Würfel schneiden.

☆ Die Kalbsniere, sie soll möglichst hellfarben sein, vom Metzger aus dem Fettmantel lösen lassen. Die Niere halbieren und alle weißen Stränge entfernen. Anschließend abspülen, trockentupfen und in 1 cm große Würfel schneiden.

☆ Die Filet- und Nierenwürfel mit Frischhaltefolie abdecken und getrennt im Kühlschrank bereithalten.

☆ Für die Biersauce die Zwiebeln schälen und in feine Würfel schneiden.

☆ In einer großen Kasserolle 50 g Butter über lebhafter Flamme erhitzen. Darin die Zwiebelwürfel unter ständigem Rühren hellbraun werden lassen. Sie dürfen unter keinen Umständen anbrennen, da sie sonst der Sauce einen bitteren Geschmack geben.

☆ Wenn die Zwiebelwürfel eine schöne gelbbraune Farbe angenommen haben, wird der Rohrzucker eingerührt. Danach mit dem Essig ablöschen und das Bier sowie 4 dl Geflügelfond zugießen.

☆ Zum Kochen bringen und den Schaum abschöpfen. Über reduzierter Hitze etwa 15 Minuten weiterkochen lassen. Danach die Hälfte der Zwiebelwürfel mit einer Schaumkelle aus dem Saucenfond heben und in einer Schale bereithalten.

☆ Den Saucenfond samt den restlichen Zwiebelwürfeln in den Mixer geben und 2 Minuten gut durchmischen. Danach durch ein feines Sieb passieren, zurück in die Kasserolle schütten und bereithalten.

☆ Anschließend 2 große Pfannen aufsetzen und in der einen 50 g, in der anderen 25 g Butter über lebhafter Flamme nußbraun werden lassen.

☆ In der ersten Pfanne die Filetwürfel, in der zweiten die gewürfelte Kalbsniere schnell von allen Seiten anbräunen, dabei ständig rühren. Nach etwa 3 Minuten herausheben – die Filetwürfel »saignant« und die Nierenwürfel rosa gebraten. Miteinander in einer Schale vermischen und warm gestellt bereithalten.

☆ In beiden Pfannen den Bratensatz mit dem restlichen Geflügelfond ablöschen und zusammen mit dem Senf sowie den Zwiebelwürfeln in den Saucenfond rühren. Nochmals kurz aufkochen und abseits vom Feuer die restliche Butter in kleinen Flocken mit dem Rührbesen einschwenken.

☆ Die Filet- und Nierenwürfel sowie ihren Saft in die Sauce geben. Mit Salz und frisch gemahlenem weißem Pfeffer abschmecken und über kleinster Flamme 5 Minuten ziehen lassen, damit sich die Aromen verbinden. Anschließend nochmals kurz erhitzen.

Anrichten
☆ In einer vorgewärmten Ragoutschüssel auftragen und Salzkartoffeln getrennt dazu reichen.

Zubereitungsdauer: 50 Minuten.

Hinweis
Dieses Rezept ist die leichte Abwandlung eines typisch belgischen Schmorgerichts, der Carbonnade à la flamande, bei dem Rindfleischscheiben kurz gebraten, dann langsam in einer mit Zwiebelwürfeln gebundenen Biersauce geschmort werden.

Gratinierter Kalbsbug mit Rindermark und Schalotten

PETIT NERF DE VEAU, CONCASSÉ DE MOELLE ET D'ÉCHALOTES

Zutaten für 4 Personen

1 kleiner Kalbsbug von 850–900 g
75 g Rindermark
25 g Schalottenwürfel
50 g Butter
2 cl trockener Weißwein (Loire)
10 g fein geschnittene Petersilie
Salz, frisch gemahlener
weißer Pfeffer

Zubereiten

☆ Den Kalbsbug oder Schulterspitz vom Metzger parieren lassen.

☆ Das Rindermark etwa 2 Stunden in leicht gesalzenes Wasser legen, damit alle Blutreste herausgezogen werden. Wenn das Mark eine schöne helle Farbe bekommen hat, aus dem Salzwasser nehmen und abtropfen lassen. Danach in Scheiben schneiden und mit einer Gabel zerdrücken.

☆ Zusammen mit den Schalottenwürfeln in eine Schüssel geben und 30 g weiche Butter sowie den Weißwein mit einem Holzlöffel einarbeiten. Diese Masse nun mit Salz und frisch gemahlenem weißem Pfeffer würzen und bereithalten.

☆ Das Kalbfleisch ringsum mit Salz und frisch gemahlenem weißem Pfeffer bestreuen.

☆ In einem gußeisernen Bräter 20 g Butter erhitzen und darin das Fleisch von allen Seiten anbräunen.

☆ Anschließend im 200°C heißen Ofen 25 Minuten braten. Dabei von Zeit zu Zeit mit dem Bratfond übergießen.

☆ Den Kalbsbraten aus dem Ofen nehmen und warm gestellt 15 Minuten ruhen lassen.

☆ Inzwischen den Grill auf höchster Stufe vorheizen. Den Kalbsbug nochmals mit dem Bratenfond übergießen und für 3 Minuten zurück in den Ofen geben, um ihn wieder zu erwärmen.

☆ Danach herausnehmen, die gewürzte Markmischung darüberstreichen und den Braten unterm heißen Grill überbacken.

☆ Anschließend mit fein geschnittener Petersilie bestreuen, auf eine vorgewärmte Platte legen und in dünne Scheiben aufschneiden.

Anrichten

☆ Je 2 Scheiben auf die vorgewärmten Teller legen und mit je 1 Eßlöffel Bratensaft übergießen. Den restlichen Braten sowie die restliche Sauce anschließend nachlegen.

Zubereitungsdauer: 1 Stunde 5 Minuten und 2 Stunden für das Wässern des Rindermarks.

Hinweis

Die Bratensauce ist zwar höchst aromatisch, aber reichlich fett. Man sollte nicht zuviel davon nehmen und lieber mit dem Rest ein anderes Fleischgericht anreichern. Der Schulterspitz oder Bug sollte möglichst von einem Milchkalb stammen, damit der Braten besonders zart wird.

Ragout von Kalbsbries mit grünem Spargel, Trüffeln und Sellerie
Rezept Seite 137

Gebackene Poularde nach Art von Visé
Rezept Seite 142

Pochierte Keule vom Pauillac-Lamm mit Feldthymian

GIGOTIN D'AGNEAU DE PAUILLAC AU SERPOLET

Zutaten für 4 Personen

1 Lammkeule von etwa 1 kg
3½ l Geflügelfond (siehe Seite 12)
je 50 g Karotten, Zwiebeln und
grüne Lauchabschnitte
25 g Staudensellerie
8 Zweige Feldthymian
1 große Knoblauchzehe
5 EL Kalbsfond (siehe Seite 13)
50 g Butter
Salz, frisch gemahlener
weißer Pfeffer

Zubereiten

☆ Die zarte Lammkeule vom Metzger parieren und entbeinen lassen.

☆ Den Geflügelfond in einen großen Topf gießen und das kleinge-schnittene Würzgemüse – Karotten, Zwiebeln, grüne Lauchabschnitte und Staudensellerie – sowie 4 Zweige Feldthymian zufügen.

☆ Über lebhafter Flamme zum Kochen bringen, abschäumen, leicht salzen und pfeffern.

☆ Den Topf vom Feuer nehmen und den Fond auf genau 90°C ab-kühlen lassen, was mit einem Kochthermometer überprüft werden sollte. Über mittlerer Hitze muß die Temperatur von 90°C während der ganzen Pochierzeit von etwa 1 Stunde exakt eingehalten werden.

☆ Die geschälte Knoblauchzehe in 7 oder 8 kleine Stifte schneiden und damit die Lammkeule in regelmäßigen Abständen spicken. Dabei den Knoblauch möglichst tief mit der Spitze eines kleinen Küchen-messers ins Fleisch schieben.

☆ Die gespickte Lammkeule in den Fond einlegen und eine Stunde pochieren.

☆ Inzwischen den restlichen Feldthymian sehr fein schneiden.

☆ Etwa ½ Liter Pochierfond abnehmen, durch ein feines Sieb in ei-nen kleinen Topf abseihen und schnell auf ⅛ Liter einkochen. Danach 5 Eßlöffel Kalbsfond und den fein geschnittenen Feldthymian einrüh-ren. Kurz erhitzen, anschließend abseits vom Feuer 50 g kalte Butter in kleinen Flocken mit dem Rührbesen einschwenken. Die Sauce mit Salz und frisch gemahlenem weißem Pfeffer abschmecken.

☆ Nach Ablauf der Pochierzeit eine Garprobe machen. Dazu sticht man mit einer langen Metallnadel tief in die Mitte der Keule, zieht sie nach etwa 20 Sekunden wieder heraus und legt sie auf den Handrük-ken. Wenn die Wärme der Nadel als angenehm empfunden wird, ist die Lammkeule gar, das heißt schön rosa und saftig. Die Lammkeule wird dann aus dem Fond gehoben, warm gestellt und soll ca. 20 Minu-ten ruhen.

☆ Danach den Fond nochmals bis fast zum Siedepunkt erhitzen und die Lammkeule für 3–4 Minuten hineinlegen, damit sie sich wieder erwärmt. Anschließend herausheben und auf einer vorgewärmten Platte in dünne Scheiben schneiden.

Anrichten

☆ Die schönsten Scheiben auf 4 vorgewärmte Teller verteilen – die restlichen Scheiben später nachlegen – und mit der Sauce so umgießen, daß man auch die schöne Farbe des zarten Fleisches goutieren kann.

Zubereitungsdauer: 1 Stunde 25 Minuten

Hinweis

Pierre Wynants verwendet mit Vorliebe Fleisch von Lämmern, die von den fruchtbaren Marschen der Gironde-Mündung kommen. Der Salz- und Jodgehalt dieser Weiden gibt dem Fleisch einen besonderen Wohlgeschmack.

Falls man ein milderes Knoblaucharoma vorzieht, kann man auf das Spicken der Keule verzichten und die Knoblauchzehe lediglich im Pochierfond mitgaren lassen.

Als Beilage empfiehlt sich ein Kartoffelpüree mit Lauch nach Brabanter Art (siehe Seite 112), Puffbohnen in Rahm mit frischem Bohnenkraut (siehe Seite 119) oder ein anderes zartes Frühjahrsgemüse.

Lammragout Champvallon

ÉPAULE D'AGNEAU TOMATÉE CHAMPVALLON

Zutaten für 4 Personen

1 kg Lammschulter ohne Knochen
50 g Butter
300 g Zwiebeln
500 g Tomaten
500 g Kartoffeln
¾ l Geflügelfond (siehe Seite 12)
2 Thymianzweige
2 Lorbeerblätter
3 Knoblauchzehen
Salz, frisch gemahlener Pfeffer

Zubereiten

☆ Die vom Metzger ausgelöste Lammschulter von Fett, Haut und Sehnen befreien und in 3—4 cm große Würfel schneiden.

☆ Die Zwiebeln schälen und fein würfeln.

☆ Die Tomaten kurz brühen, kalt abschrecken und schälen. Danach halbieren, die Kerne ausdrücken und das Fruchtfleisch grob zerschneiden.

☆ In einem weiten flachen Topf die Butter hellbraun werden lassen, die Lammfleischwürfel zugeben, mit Salz und frisch gemahlenem Pfeffer würzen und von allen Seiten anbräunen. Sobald das Fleisch eine schöne Farbe angenommen hat, wird es mit der Schaumkelle herausgehoben und in einen großen flachen Bräter oder auf eine große Gratinierplatte umgefüllt.

☆ Inzwischen in derselben Bratbutter die gewürfelten Zwiebeln über gelinder Hitze 3—4 Minuten anschwitzen, ohne Farbe zu geben.

☆ Danach die Zwiebelwürfel mit dem Geflügelfond ablöschen und über das Lammfleisch gießen.

☆ Die Thymianzweige, die Lorbeerblätter und den durch die Knoblauchpresse getriebenen Knoblauch zufügen und die Tomatenstücke unterrühren.

☆ Auf dem Ofen zum Kochen bringen. Danach mit einem passend zurechtgeschnittenen Stück Aluminiumfolie bedecken, in den vorgeheizten Ofen schieben und bei 180°C etwa 45 Minuten schmoren.

☆ Unterdessen die geschälten Kartoffeln in 4 cm dünne Scheiben schneiden.

☆ Nach Ablauf der 45 Minuten die Aluminiumfolie entfernen und das Ragout mit den Kartoffelscheiben bedecken. Mit Salz und frisch gemahlenem Pfeffer bestreuen und mit dem Schmorfond begießen.

☆ Nochmals auf dem Herd aufkochen, danach wieder in den heißen Ofen schieben und dort weitere 30 Minuten belassen. Dabei wiederholt mit dem Fond übergießen.

☆ Anschließend aus dem Ofen nehmen, nochmals mit dem Fond übergießen und abschmecken.

Anrichten

☆ Mit reichlich fein geschnittener Petersilie bestreuen und auf der Gratinierplatte auftragen.

Zubereitungsdauer: 40 Minuten und 1 Stunde 15 Minuten Garzeit.

Hinweis

Dies ist eine Abwandlung der klassischen Lammkoteletts Champvallon, die auf Zwiebelwürfel gelegt und mit Kartoffelscheiben bedeckt im Ofen geschmort werden. Sie sind nach einer Mätresse Ludwigs XIV. benannt, die ihn mit diesem Gericht – Liebe geht bekanntlich durch den Magen – bezirzt haben soll.

Genter Topf

HOCHEPOT GANTOIS

Zutaten für 8 Personen
1 kg Rinderbrust
1 kg Lammschulter ohne Knochen
500 g magerer Speck am Stück
4 küchenfertige Spitzbeine
4 küchenfertige Schweineschwänze
4 Lauchstangen mit Grün
½ Staudensellerie mit Grün
2 Gemüsezwiebeln
6 weiße Rüben
4 Pastinaken
2 große Karotten
½ Wirsingkohl
500 g Rosenkohl
Salz, frisch gemahlener Pfeffer

Für die Brühe
2 kg Rinderknochen
7 l Wasser
2 Thymianzweige
2 Lorbeerblätter
1 große Zwiebel

Für die Garnitur
300 g Kalbsleber
300 g kleine Bratwürste
60 g Butter

Zubereiten

☆ Für die Rinderbrühe, die bereits am Vorabend zubereitet werden kann, die Knochen in einem großen Topf mit 7 Liter Wasser zum Kochen bringen. Danach die Brühe abschäumen und eine große halbierte Zwiebel, je 2 Thymianzweige und Lorbeerblätter sowie die Blätter des Staudensellerie und das Grün der Lauchstangen zufügen. Leicht salzen und auf kleiner Flamme etwa 3 Stunden kochen lassen, dabei wiederholt abschäumen. Anschließend die Brühe durch ein Spitzsieb abseihen und entfetten.

☆ Die Brühe wieder zum Kochen bringen, die Rinderbrust hineinlegen und über gelinder Hitze 30 Minuten kochen lassen.

☆ Anschließend die Spitzbeine und die Schweineschwänze zufügen und weitere 30 Minuten kochen, dabei die Brühe von Zeit zu Zeit abschäumen.

☆ Inzwischen das Weiße der Lauchstangen, den Staudensellerie, die Gemüsezwiebeln, die weißen Rübchen, die Pastinaken und die Karotten in große Stücke schneiden.

☆ Den grob zerschnittenen Wirsingkohl sowie den Rosenkohl getrennt jeweils 2 Minuten in kochendem Salzwasser blanchieren, kalt abschrecken und abtropfen lassen.

☆ Danach den Speck, den Staudensellerie, die Zwiebeln, die Pastinaken, die Karotten und den Wirsingkohl in die kochende Brühe einlegen.

☆ Wieder aufkochen lassen, erneut abschäumen und auf kleiner Flamme 30 Minuten kochen lassen.

☆ Schließlich die Lammschulter zusammen mit den Rübchen, den weißen Lauchabschnitten und dem blanchierten Rosenkohl zufügen. Falls nötig, noch etwas Wasser nachgießen und wieder zum Kochen bringen. Nochmals abschäumen und 30 Minuten über gelinder Hitze kochen lassen.

☆ Danach alles Fleisch aus der Brühe heben, auf eine große vorgewärmte Platte legen und mit einem in heißem Wasser ausgespülten und gut ausgewrungenen Küchentuch bedecken.

☆ Den Hochepot inzwischen abschmecken und mit Salz und frisch gemahlenem Pfeffer nachwürzen.

☆ Für die Garnitur die Kalbsleber in kleine Würfel schneiden.

☆ In 2 Pfannen mit Antihaftbeschichtung je 30 g Butter erhitzen. In der einen die Bratwürstchen, in der anderen die gewürfelte Kalbsleber, die mit Salz und frisch gemahlenem Pfeffer gewürzt wird, anbraten.
☆ Das warm gehaltene Fleisch in Portionsstücke schneiden.

Anrichten

☆ Jeweils 1 Stück von jeder Fleischsorte in 8 vorgewärmte tiefe Teller legen, mit dem Gemüse umlegen und mit heißer Brühe übergießen. Darüber die gebratenen Kalbsleberwürfel und die Bratwürstchen verteilen. Senf aus Gent und Kartoffeln nach flämischer Art (siehe Seite 110) getrennt dazu reichen.

Zubereitungsdauer: 1 Stunde zuzüglich 3 Stunden Kochzeit für die Brühe und 2 Stunden für das Fleisch.

Pochierte Lammzungen in grüner Sauce

LANGUES D'AGNEAU POCHÉES, COULIS EN PERSILLADE

Zutaten für 4 Personen
12 küchenfertige Lammzungen
1 l Geflügelfond (siehe Seite 12)
1 Knoblauchzehe
1 Zwiebel
1 Gewürznelke
Salz, frisch gemahlener Pfeffer

Für die Sauce
2 dl Pochierfond
250 g entstielter Spinat
50 g Schalottenwürfel
50 g Petersilie
20 g Butter
Saft von ½ Zitrone

Zubereiten

☆ Die Lammzungen in 5 Liter Wasser legen, das mit 2 Eßlöffel Salz versetzt wurde, damit alle Blutreste herausgezogen werden. Nach 24 Stunden aus dem Salzwasser nehmen und unter fließendem Wasser gründlich abspülen.

☆ Den Geflügelfond zum Kochen bringen und die geschälte Knoblauchzehe sowie die Zwiebel, die zuvor mit der Gewürznelke gespickt wurde, zufügen. Danach die Lammzungen einlegen und über gelinder Hitze 1 Stunde und 15 Minuten pochieren.

☆ Anschließend die Lammzungen herausheben, abtropfen und handwarm abkühlen lassen. Die Lammzungen abziehen und eventuell noch vorhandene Sehnen von der Unterseite der Zunge wegschneiden. Die abgezogenen Zungen zurück in den heißen Fond legen und warm halten.

☆ Für die Sauce 2 dl Pochierfond abnehmen und zusammen mit der weich gekochten Knoblauchzehe im Mixer 1 Minute durchmischen.

☆ Den entstielten Spinat kurz in kochendem Salzwasser blanchieren, kalt abschrecken und gründlich abtropfen lassen.

☆ In einer mittelgroßen Kasserolle die Butter schmelzen und darin die Schalottenwürfel 2 Minuten andünsten, ohne daß sie Farbe annehmen.

☆ Danach die Petersilie zufügen und 2 Minuten mitdünsten.

☆ Zuletzt den blanchierten Spinat einrühren und mit dem Knoblauchfond übergießen. Zum Kochen bringen und 3 Minuten kochen lassen. Anschließend im Mixer fein pürieren und durch ein grobes Sieb treiben, um eventuell vorhandene Pflanzenfasern zu entfernen.

☆ Die grüne Sauce nochmals kurz erhitzen, jedoch nicht mehr kochen lassen. Mit Salz, frisch gemahlenem Pfeffer sowie einigen Spritzern Zitronensaft abschmecken.

☆ Inzwischen auch die Zungen im Fond wieder erhitzen, herausheben, abtropfen lassen und in je 4 dünne Längsscheiben schneiden.

Anrichten

☆ Je 4 Zungenscheiben auf vorgewärmte flache Teller plazieren und mit der grünen Sauce leicht überziehen. Den Rest nachreichen.

☆ Als Beilagen sollte man zarte Karotten, kurz in Butter sautierte Austernpilze oder gewürfelte junge Rübchen servieren, die zuerst blanchiert, danach mit Butter und einer Prise Zucker glasiert werden.

Zubereitungsdauer: 1 Stunde 30 Minuten zuzüglich 24 Stunden wässern.

Kalbsnieren mit Champignons und Wacholderbeeren

ROGNON DE VEAU POÊLÉ, CHAMPIGNONS SAUTÉS
ET BAIES DE GENÉVRIER

Zutaten für 4 Personen
2 Kalbsnieren
350 g Champignons
200 g Butter
2 dl Madeira
10 g Wacholderbeeren
2 EL Kalbsfond (siehe Seite 13)
Salz, frisch gemahlener Pfeffer

Zubereiten

☆ Die vom Metzger aus ihrem Fettmantel geschälten Nieren – sie sollen möglichst hellfarbig sein – halbieren und die weißen Stränge sorgfältig entfernen. Die Nieren abspülen, trockentupfen und in etwa 2½ cm dicke Scheiben schneiden.

☆ Die Champignons sehr schnell waschen, damit sie sich nicht mit Wasser vollsaugen, und ebenfalls trockentupfen. Danach längs in Scheiben schneiden.

☆ In einer, besser noch in zwei großen flachen Kasserollen 80 g Butter schmelzen und die Nierenscheiben in einer Schicht einlegen und anbräunen, dabei leicht salzen und pfeffern.

☆ Nach 2 Minuten die Nierenscheiben wenden und auch die andere Seite 2 Minuten anbräunen. Leicht nachwürzen, vom Feuer nehmen und warm halten.

☆ Inzwischen in einer großen Pfanne die restlichen 120 g Butter nußbraun erhitzen. Darin die Champignonscheiben über lebhaftem Feuer sautieren. Mit Salz und frisch gemahlenem Pfeffer würzen. Wenn die Pilze eine schöne Farbe angenommen haben, mit dem Madeira ablöschen und zum Kochen bringen.

☆ Gleichzeitig die Kalbsnieren wieder aufs Feuer setzen und die leicht zerdrückten Wacholderbeeren einstreuen.

☆ Anschließend die Pilze samt ihrem Fond mit den Nierenscheiben vermischen, 2 Eßlöffel Kalbsfond einrühren und nochmals erhitzen.

Anrichten

☆ Die Kalbsnieren auf 4 vorgewärmte flache Teller verteilen und mit Pilzscheiben umlegen. Als Beilage eignen sich goldgelb gebratene Nußkartoffeln.

Zubereitungsdauer: 22 Minuten.

Hinweis

Nußkartoffeln sind aus rohen Kartoffeln rund ausgebohrte, etwa haselnußgroße Kügelchen, die erst blanchiert, dann in Butter goldgelb gebraten und mit fein geschnittener Petersilie bestreut werden.
Dieses Rezept ist eine Variante der Kalbsnieren nach Lütticher Art, ein typisch wallonisches Gericht, bei dem die Nieren im ganzen in Butter gebraten, zum Schluß mit Wacholderbeeren gewürzt und mit Pèkèt, einem Kornschnaps, sowie etwas Kalbsfond abgelöscht werden.

Ragout von Kalbsbries mit grünem Spargel, Trüffeln und Sellerie

SAUTÉ DE RIS DE VEAU AUX POINTES VERTES, TRUFFES ET CÉLERI RAVE

Zutaten für 4 Personen
400 g Kalbsbries
60 g Knollensellerie
Saft von 1 Zitrone
400 g grüner Spargel
(möglichst dünne Stangen)
40 g Trüffeln
7½ cl Trüffel-Jus
1 frisch abgekochter
Artischockenboden
12 Pistazien
80 g Butter
1 EL Mehl
7½ cl Geflügelfond (siehe Seite 12)
1 EL Kalbsfond (siehe Seite 13)
Salz, frisch gemahlener
weißer Pfeffer
1 Prise frisch gemahlener Kaffee

Zubereiten
☆ Das Kalbsbries etwa 2 Stunden wässern, um alle Blutreste herauszuziehen. Dabei das Wasser mehrmals wechseln. Anschließend das Bries kurz blanchieren und kalt abschrecken. Danach die Haut abziehen, alle knorpeligen Teile entfernen und das Bries in 1½ cm große Würfel schneiden. Mit Frischhaltefolie abdecken und bereithalten.

☆ Den Knollensellerie in etwa ½ cm große Würfel schneiden. Diese sofort etwa 3 Minuten in kochendem, mit dem Zitronensaft versetztem Wasser blanchieren, damit sie sich nicht verfärben. Anschließend herausheben und abtropfen lassen.

☆ Den grünen Spargel waschen und etwa 4 cm lange Stücke von den Enden wegbrechen. Nur die zarten Spitzen in Salzwasser in etwa 5 Minuten knackig garen. Herausheben, in 2 Hälften schneiden und zurück in den Kochsud legen, um sie warm zu halten.

☆ Die Trüffeln in Stäbchen von 1½ cm Länge und 3 mm Stärke schneiden. Den möglichst frisch abgekochten Artischockenboden in ebenso große und ebenso viele Stäbchen schneiden.

☆ Die Pistazien kurz in kochendes Wasser tauchen, herausheben und wie bei Mandeln die Haut abziehen. Die abgezogenen Pistazien trockentupfen, fein hacken und für die Garnierung bereithalten.

☆ Anschließend die Brieswürfel mit Salz und frisch gemahlenem weißem Pfeffer würzen und in etwas gesiebtem Mehl wenden.

☆ In einer mittelgroßen Kasserolle 40 g Butter erhitzen und darin die Brieswürfel von allen Seiten unter ständigem Rühren braten.

☆ Nach etwa 3 Minuten die Selleriewürfel zufügen und in weiteren 3−4 Minuten ebenfalls von allen Seiten anbraten.

☆ Anschließend Bries- und Selleriewürfel herausheben und warm halten.

☆ Den Bratfond mit dem Geflügelfond und dem Trüffel-Jus ablöschen. Kurz aufkochen und leicht reduzieren. Danach 1 Eßlöffel Kalbsfond einrühren und vom Feuer nehmen. Die restlichen 40 g Butter in kleinen Flocken in die Sauce einschwenken. Mit Salz und frisch gemahlenem weißem Pfeffer abschmecken und die Trüffel- und Artischockenstäbchen einstreuen. Nochmals kurz erhitzen.

☆ Die Bries- und Selleriewürfel sowie die Spargelspitzen in ihrem Fond wieder erhitzen. Die Spargelspitzen herausheben und abtropfen lassen.

Anrichten

☆ Auf 4 vorgewärmte flache Teller die Bries- und Selleriewürfel verteilen. Darüber die grünen Spargelspitzen streuen und mit der getrüffelten Sauce überziehen. Mit den gehackten Pistazien sowie mit je einer winzigen Prise frisch gemahlenem Kaffee bestreuen und servieren.

Zubereitungsdauer: 40 Minuten zuzüglich 2 Stunden wässern.

Hinweis

Kalbsbries besteht aus der runden Nuß, die eine festere Konsistenz hat, und einem länglichen, leicht zerpflückbaren Teil. Für dieses Gericht soll die festere Nuß verwendet werden, die sich besser in Würfel schneiden läßt.

Geflügel

Poulardenbrust, gefüllt mit weißem Spargel

Gebackene Poularde nach Art von Visé

Waterzooi von Brüsseler Poularden mit feinem Gemüse

Stubenküken mit provenzalischen Kräutern
und einer Béarnaise mit Krebsschwänzen

Gefülltes Stubenküken »Village«

Junge Barbarie-Ente »Souffle d'été«

Schnitzel von Entenstopfleber mit fernöstlichem Aroma

Gefülltes Täubchen »Diamant noir«

Wachteln im Rhabarberblatt

Gefüllter Kaninchenrücken auf Hummersauce

Poulardenbrust, gefüllt mit weißem Spargel

BLANC DE VOLAILLE, BOUQUET DE MALINES

Zutaten für 4 Personen

2 Poulardenbrüste
12 Stangen weißer Spargel
¾ l Geflügelfond (siehe Seite 12)
100 g weiße und hellgrüne
Lauchabschnitte
50 g Karotten
50 g Staudensellerie
90 g Butter
Saft von ½ Zitrone
Salz, frisch gemahlener
weißer Pfeffer

Zubereiten

☆ Die Spargelstangen, die schön gleichmäßig und nicht zu dick sein sollen, waschen und abtropfen lassen. Danach die holzigen Enden abbrechen. Die Spargelstangen schälen und in Salzwasser halbgar kochen. Herausheben und abtropfen lassen.

☆ Die Spargelenden und -schalen nicht wegwerfen, sondern im Geflügelfond aufkochen und 10 Minuten ziehen lassen. Danach den so aromatisierten Fond durch ein Spitzsieb abseihen und bereithalten.

☆ Von den frisch ausgelösten Poulardenbrüstchen – sie sollten von Brüsseler Poularden stammen – die Haut abziehen. Die Brüste in 2 Hälften schneiden und von der Unterseite der 4 Brusthälften vorsichtig die weiße Sehne entfernen. Mit einem kleinen scharfen Messer in jede Hälfte längs eine Tasche schneiden, auseinanderklappen und die Innenseite mit Salz und frisch gemahlenem weißem Pfeffer würzen.

☆ Jede Brusthälfte mit 3 Spargelstangen füllen, dabei die Spargelstangen etwa 3 cm aus dem Brustfilet herausragen lassen. Die Brüste zu Päckchen formen und mit Küchenzwirn binden.

☆ Die weißen und zartgrünen Lauchabschnitte, die Karotten sowie den Staudensellerie in feine Streifen schneiden.

☆ In einem mittelgroßen Topf 30 g Butter erhitzen, die Gemüsestreifen einstreuen und 3 Minuten dünsten, jedoch keine Farbe annehmen lassen.

☆ Von dem Geflügelfond 2 dl abnehmen und über die Gemüsestreifen gießen. Zum Kochen bringen und die Gemüsestreifen weich, aber noch mit leichtem Biß garen. Die Gemüsestreifen mit einer Schaumkelle herausheben, dabei über dem Fond abtropfen lassen und bereithalten.

☆ Diesen Fond erneut aufkochen und auf zwei Drittel der ursprünglichen Flüssigkeitsmenge reduzieren. Danach die restlichen 60 g Butter in kleinen Flocken in die Reduktion einschwenken. Die Gemüsestreifen zurück in diese Sauce geben, mit Salz, frisch gemahlenem weißem Pfeffer sowie einigen Spritzern Zitronensaft abschmecken und warm halten.

☆ Den restlichen Geflügelfond aufkochen, sofort die Hitze reduzieren und die gefüllten Poulardenbrüste einlegen. Im sanft siedenden Fond nur etwa 5 Minuten pochieren, damit sie recht saftig bleiben. Aus dem Fond heben und auf einer warmen Platte mit Aluminiumfolie abgedeckt einige Minuten ruhen lassen. Danach vorsichtig die Bindfäden entfernen.

Anrichten

☆ Auf 4 vorgewärmte flache Teller je 1 gefülltes Poulardenbrüstchen plazieren. Dabei sollen sich die Spargelspitzen wie ein kleiner Strauß ausbreiten – das Bouquet aus Mecheln, woher der beste belgische Spargel kommt. Die Brüstchen mit der Sauce überziehen und mit den Gemüsestreifen bestreuen. Eine Mousse von Kartoffeln mit Kresse und Sauerampfer (siehe Seite 111) getrennt dazu reichen.

Zubereitungsdauer: 1 Stunde 10 Minuten.

Hinweis

Dieses leichte, delikate und bodenständige Gericht ist ein Musterbeispiel für die neue Cuisine du terroir. Es wurde anläßlich eines Banketts zu Ehren von König Baudouin I. von Belgien kreiert.

Gebackene Poularde nach Art von Visé

VOLAILLE À L'INSTAR DE VISÉ

Zutaten für 4 Personen

2 küchenfertige Poularden
von je 1,2 kg
1 großes Ei
300 g frische Weißbrotkrumen
1 dl Erdnußöl
60 g Butter

Für die Knoblauchsauce

½ l Geflügelfond (siehe Seite 12)
4 Knoblauchzehen
3 dl Sahne
40 g Butter
Saft von ½ Zitrone
Salz, frisch gemahlener
weißer Pfeffer

Als Garnitur

Karottenstreifen mit kandiertem
Ingwer nach dem Rezept
auf Seite 116
Grünes Gemüse
(z. B. Lauch oder Rosenkohl)

Zubereiten

☆ Von den Poularden die Brusthälften abheben sowie die Keulen abtrennen und am Gelenk in 2 Teile schneiden. Die Poulardenkarkasse für den Geflügelfond verwenden.

☆ Von den Poulardenteilen die Haut nicht abziehen. Sie soll beim Ausbacken schön knusprig werden.

☆ Die Poulardenteile mit Salz und frisch gemahlenem weißem Pfeffer würzen, im verquirlten Ei und anschließend in den Weißbrotkrumen wenden. Das Öl in zwei flache Bräter verteilen und in den einen die 4 panierten Brusthälften, in den anderen die Keulenstücke – jeweils mit der Hautseite nach unten – legen. Über lebhaftem Feuer anbräunen, nach etwa 1 Minute wenden und auch von der anderen Seite eine schöne braune Farbe annehmen lassen.

☆ Anschließend das Öl abgießen und statt dessen in jede Pfanne 30 g Butter geben.

☆ Die Butter aufschäumen lassen, die Poulardenteile damit übergießen. Danach beide Bräter in den 200°C heißen Ofen schieben. Die zarteren Brusthälften 9 Minuten, die Keulen 13 Minuten im Ofen belassen. Von Zeit zu Zeit mit dem Bratfond übergießen.

☆ Für die Sauce den Geflügelfond aufkochen, die geschälten und fein gehackten Knoblauchzehen zufügen und über gelinder Hitze 15 Minuten kochen lassen. Anschließend im Mixer etwa 1 Minute glattmischen und durch ein feines Sieb passieren.

☆ Diesen Knoblauchfond erneut zum Kochen bringen und auf ein Viertel der Flüssigkeitsmenge einkochen lassen. Die Sahne zugießen und nochmals um die Hälfte reduzieren.

☆ Abseits vom Feuer 40 g Butter in kleinen Flocken mit dem Rührbesen einschwenken. Die Sauce mit Salz, frisch gemahlenem Pfeffer sowie einigen Spritzern Zitronensaft abschmecken und warm halten.

☆ Nach Ende der Bratzeit die Poulardenteile auf 2 Servierplatten legen und warm halten.

☆ Den Bratfond in beiden Brätern mit je 3 Eßlöffel Wasser ablöschen und in die Sauce gießen, die anschließend durch ein feines Sieb passiert und wieder erwärmt wird. Nochmals mit Salz, frisch gemahlenem weißem Pfeffer und einigen Tropfen Zitronensaft nachwürzen.

Anrichten

☆ Auf 4 vorgewärmte Teller je 2 Eßlöffel Sauce gießen und darauf je 1 gebackene Brusthälfte plazieren. Die gebackene Keule später nachlegen. Mit den Karottenstreifen und einem grünen Gemüse – etwa mit Lauch oder Rosenkohl – umlegen. Als Beilagen eignen sich neue Kartoffeln, die mit der Schale in Scheiben geschnitten und in Butter im Ofen gebraten werden.

Zubereitungsdauer: 1 Stunde 5 Minuten.

Hinweis

Dies ist die leichte Variante einer Spezialität aus Visé, einem Städtchen an der Maas, das für seine vorzüglichen Gänse bekannt ist. Nach dem Originalrezept pochiert man eine zerlegte Gans im Knoblauchfond, paniert die Teile anschließend, bräunt sie von allen Seiten gut an und schiebt sie zum Schluß für etwa 3 Minuten in den 200°C heißen Ofen. Sie werden mit der gleichen Sauce und Garnitur wie die Poularde serviert.

Waterzooi von Brüsseler Poularden mit feinem Gemüse

COUCOU DE BRUXELLES EN WATERZOOI DU MARAÎCHER

Zutaten für 4 Personen

2 Brüsseler Poularden von je 1,3 kg
4 l Geflügelfond (siehe Seite 12)
400 g weißer Spargel
250 g Chicorée
Saft von ½ Zitrone
150 g junge Austernpilze
130 g zarter Spinat
60 g Karotten
100 g Butter
4 dl Sahne
Salz, frisch gemahlener
weißer Pfeffer

Zubereiten

☆ Die vom Händler ausgenommenen und bridierten Poularden abspülen und abtropfen lassen.

☆ In einem großen Topf den Geflügelfond zum Kochen bringen, die Poularden einlegen und 20—22 Minuten pochieren.

☆ Unterdessen das Gemüse herrichten: den Spargel schälen und die holzigen Enden entfernen. Die geschälten Spargelstangen in 3 cm lange Stücke schneiden und in gesalzenem Wasser so garen, daß sie noch leichten Biß haben. Den Spargelsud nicht weggießen, sondern für die Sauce bereithalten.

☆ Den Chicorée waschen, das bittere Endstück keilförmig ausschneiden und beschädigte Blattspitzen entfernen. Die Chicoréestangen quer in 1 cm breite Streifen schneiden. Etwa 3 Minuten in 20 g Butter anschwitzen. Danach mit einigen Spritzern Zitronensaft, mit Salz und frisch gemahlenem weißem Pfeffer würzen. Zugedeckt knackig garen.

☆ Die geputzten Austernpilze in 3 cm große Stücke schneiden und in 30 g Butter über lebhaftem Feuer kurz sautieren. Mit Salz und frisch gemahlenem weißem Pfeffer würzen.

☆ Den entstielten Spinat in kochendem Salzwasser 1 Minute blanchieren. In ein Sieb schütten, abtropfen lassen und alles Wasser gut ausdrücken.

☆ Die geputzten Karotten in feine Streifen schneiden. Kurz in Salzwasser garen, herausheben, abtropfen lassen und warm halten.

☆ Die pochierten Poularden aus dem Fond heben. Mit einem in warmes Wasser getauchten und gut ausgewrungenen Küchentuch abdecken und warm halten.

☆ Für die Sauce 4 dl Geflügelfond und die gleiche Menge Spargelsud in einen Topf gießen. Zum Kochen bringen und auf ein Drittel einkochen lassen. Danach die Sahne zugießen und nochmals auf die Hälfte reduzieren. Abseits vom Herd 50 g Butter in kleinen Flocken mit dem Rührbesen einschwenken. Mit einigen Spritzern Zitronensaft und frisch gemahlenem weißem Pfeffer würzen. Vorsichtig salzen, da der Spargelsud bereits gesalzen ist.

☆ Anschließend die Spargelstücke, die Chicoréestreifen, die Spinatblätter und die Pilze unter die fertige Sauce heben.

☆ Von den Poularden die Bindfäden entfernen und die Haut abziehen. Das Fleisch in mundgerechte Stücke schneiden und ebenfalls in die Sauce legen.

Stubenküken mit provenzalischen Kräutern und einer Béarnaise mit Krebsschwänzen
Rezept Seite 146

Schnitzel von Entenstopfleber mit fernöstlichem Aroma
Rezept Seite 151

☆ Das Waterzooi langsam erhitzen, jedoch nicht mehr zum Kochen bringen. Nochmals abschmecken.

Anrichten

☆ Zuerst die Brusthälften servieren. Sie werden mit der Sauce überzogen, mit den Gemüsen umlegt und mit den Karottenstreifen garniert. Dazu reicht man festkochende neue Kartoffeln, die in geschmolzener Butter gewendet und mit fein geschnittenem Kerbel bestreut werden.

Zubereitungsdauer: 1 Stunde 15 Minuten.

Hinweis

Man kann die Gemüsegarnitur nach Belieben verändern.
So kann etwa der Spinat durch in Butter angeschwitzten
Sommerportulak ersetzt werden. Spargel oder statt dessen
Hopfensprossen gehören jedoch stets dazu.

Stubenküken mit provenzalischen Kräutern und einer Béarnaise mit Krebsschwänzen

POUSSIN DES MARCHÉS DE PROVENCE ET SA BÉARNAISE D'ÉCREVISSES

Zutaten für 4 Personen
4 Stubenküken von je 450 g
je 1 Prise Rosmarin, Fenchel,
Thymian, Lorbeerblatt, Salbei,
Bohnenkraut
60 g Butter
Salz, frisch gemahlener
weißer Pfeffer

Béarnaise mit Krebsschwänzen
nach dem Rezept auf Seite 34

Zubereiten

☆ Die küchenfertig vorbereiteten und bridierten Stubenküken innen gut mit Salz und frisch gemahlenem Pfeffer würzen.

☆ Die frischen, fein gehackten Kräuter miteinander vermischen und je eine Prise in die Küken streuen.

☆ Eine Kasserolle, die die 4 Küken gerade faßt, aufsetzen. Darin die Butter schmelzen und die Küken einlegen. Über lebhaftem Feuer von allen Seiten schön anbräunen, mit Salz und frisch gemahlenem weißem Pfeffer bestreuen und für etwa 18 Minuten in den 200°C heißen Ofen schieben. Während der Bratzeit mehrmals mit der Bratbutter übergießen.

☆ Inzwischen eine Béarnaise mit Krebsschwänzen bereiten, wie im Rezept auf Seite 34 angegeben ist. Diese Béarnaise im Wasserbad warm halten.

☆ Wenn die Stubenküken fertig gebraten sind, werden sie zerlegt.

Anrichten

☆ Auf 4 vorgewärmten flachen Tellern zuerst die Brüstchen servieren – den Rest später nachlegen – und mit etwas heißer Bratbutter beträufeln. Die Béarnaise mit Krebsschwänzen sowie gute Pommes frites (siehe Seite 106) und nach Belieben ein kleines Gemüse getrennt dazu reichen.

Zubereitungsdauer: 30 Minuten.

Gefülltes Stubenküken »Village«

POUSSIN FARCI DU VILLAGE

Zutaten für 4 Personen
2 Stubenküken von je 450 g
1½ l Geflügelfond (siehe Seite 12)
Salz, frisch gemahlener
weißer Pfeffer

Für die Füllung
80 g Geflügelleber
1 Schalotte
20 g Butter
80 g gekochte Rinderzunge
150 g Geflügelfarce (siehe Seite 23)

Für die Sauce
½ l Geflügelfond
3 dl Sahne
30 g Butter

Für die Garnitur
20 Prinzeßböhnchen
20 kleine Lauchzwiebeln
2 kleine Karotten
etwa 20 Estragonblättchen

Zubereiten

☆ Die küchenfertigen Stubenküken vom Rücken her ausbeinen. Dazu schneidet man mit einem kleinen scharfen Küchenmesser die Haut am Rückgrat entlang auf und löst sie samt dem Fleisch von den Rückenknochen ab. Flügel- und Keulengelenke von der Karkasse abtrennen und Brust- und Bauchfleisch ablösen. Das Brustbein aus dem Fleisch schälen, die Keulenknochen jedoch nicht auslösen. Vorsichtig arbeiten, damit die Haut nicht beschädigt wird.

☆ Die ausgebeinten Stubenküken mit der Hautseite nach unten flach auf die Arbeitsfläche legen und mit Salz und frisch gemahlenem Pfeffer würzen.

☆ Für die Füllung die Geflügelleber von Sehnen und galligen Flecken befreien und in kleine Würfel schneiden.

☆ In einer kleinen Pfanne 20 g Butter erhitzen und die Leberwürfel einrühren. Nach etwa 1 Minute die fein geschnittene Schalotte zufügen und das Ganze mit Salz und frisch gemahlenem Pfeffer würzen. Noch 1 weitere Minute sautieren, jedoch keine Farbe geben. Anschließend vom Feuer nehmen und abkühlen lassen.

☆ Die gekochte Rinderzunge in 4 mm kleine Würfel schneiden und zusammen mit der abgekühlten Geflügelleber unter die Geflügelfarce heben.

☆ Die Farce teilen und je eine Hälfte kugelförmig auf die ausgebreiteten Stubenküken legen. Mit dem plattierten Fleisch umhüllen, dabei so gut wie möglich die ursprüngliche Form der Küken wiederherstellen. Danach mit Küchenzwirn umwickeln.

☆ In einem großen Topf 1½ Liter Geflügelfond zum Kochen bringen und mit Salz und frisch gemahlenem Pfeffer würzen. Die gefüllten Stubenküken einlegen und über mittlerer Hitze 20−25 Minuten pochieren.

☆ Unterdessen für die Garnitur die Prinzeßböhnchen in 4 gleichmäßige Stücke schneiden und in Salzwasser garen. Die Lauchenden der kleinen Zwiebeln kürzen. Die Zwiebeln ebenfalls in Salzwasser weich kochen.

☆ Die geputzten Karotten in gleichmäßige Würfel schneiden und ebenfalls in Salzwasser weich garen.

☆ Für die Sauce ½ Liter Geflügelfond auf ein Viertel einkochen, die Sahne zugießen und nochmals auf ein Drittel reduzieren. Abseits vom Feuer 30 g Butter in kleinen Flocken einschwenken und die Sauce mit Salz und frisch gemahlenem weißem Pfeffer würzen.

☆ Die Gemüsegarnitur – die Prinzeßböhnchen, die kleinen Zwiebeln und die Karottenwürfel – in die Sauce geben.
☆ Die Estragonblättchen halbieren und in die Sauce streuen.
☆ Kurz vor dem Servieren die Stubenküken aus dem Fond heben und die Bindfäden entfernen. Mit einem Sägemesser die Küken vorsichtig halbieren.

Anrichten

☆ Auf 4 vorgewärmte Teller je ½ Stubenküken plazieren, mit der Sauce überziehen und mit den Gemüsen bestreuen. Einfache Salzkartoffeln getrennt dazu reichen.

Zubereitungsdauer: 1 Stunde 30 Minuten.

Junge Barbarie-Ente »Souffle d'été«

CANETTE DE BARBARIE »SOUFFLE D'ÉTÉ«

Zutaten für 4 Personen

2 junge Barbarie-Enten von je
1,4 kg samt ihrer Leber
30 g Trockenerbsen
50 g Zwiebelwürfel
4 dl Geflügelfond (siehe Seite 12)
500 g vollreife Tomaten
1 Thymianzweig
½ TL Tomatenmark
1 TL feiner Kristallzucker
8 kleine Lauchzwiebeln
20 Estragonblättchen
10 kleine Basilikumblätter
1 EL Erdnußöl
40 g Butter
Salz, frisch gemahlener Pfeffer

Gemischter Salat mit sautierter
Geflügelleber und
Knoblauchkrüstchen
nach dem Rezept auf Seite 74

Zubereiten

☆ Als Saucenbindung wird ein kleines Erbsen- und ein Tomatenpüree vorbereitet: Dazu werden zuerst die Trockenerbsen 3 Stunden in lauwarmem Wasser eingeweicht. Anschließend abgießen und mit 50 g gewürfelten Zwiebeln sowie 1 dl Geflügelfond aufsetzen und zum Kochen bringen. Über gelinder Hitze in etwa 45 Minuten weich kochen. Danach im Mixer zu einem glatten Püree verarbeiten und bereithalten.

☆ Die Tomaten brühen, kalt abschrecken, schälen, halbieren und die Kerne ausdrücken. Das Fruchtfleisch grob zerschneiden und im Mixer mit 2 dl Geflügelfond pürieren. Das Püree in einen kleinen Topf gießen, den Thymianzweig zufügen und das Tomatenmark sowie den Zucker einrühren. Auf kleiner Flamme 30 Minuten kochen lassen. Anschließend den Thymianzweig herausnehmen. Das Püree nochmals im Mixer glattmixen, durch ein feines Sieb treiben und bereithalten.

☆ Die jungen Barbarie-Enten innen mit Salz und frisch gemahlenem Pfeffer ausstreuen.

☆ In einem gußeisernen Bräter das Öl erhitzen und die Enten hineingeben. Über lebhafter Flamme gut anbräunen und anschließend im 200° C heißen Ofen 10 Minuten braten.

☆ Danach den Bräter aus dem Ofen nehmen und das Fett abgießen. 20 g Butter zufügen und die Enten rundum mit Salz und frisch gemahlenem Pfeffer bestreuen. Für weitere 10 Minuten zurück in den Ofen geben und mehrmals wenden.

☆ Nach Ende der Bratzeit die Enten aus dem Bräter heben, auf eine vorgewärmte Platte legen und mit Alufolie bedeckt ruhen lassen.

☆ Unterdessen mit einem Löffel aus der schräg gestellten Kasserolle das überflüssige Fett herausschöpfen. Nur etwa 3 Eßlöffel Bratfett im Bräter belassen und mit 1 dl Geflügelfond ablöschen. Über lebhafter Flamme aufkochen, dabei mit einem Rührbesen den Bratensatz vom Topfboden lösen.

☆ Anschließend das Erbsen- und das Tomatenpüree einrühren. Die Sauce kurz aufkochen, danach durch ein feines Sieb treiben und die fein geschnittenen Lauchzwiebeln sowie die grob zerschnittenen Estragonblätter einstreuen. Mit Salz und frisch gemahlenem Pfeffer abschmecken und warm halten.

Anrichten

☆ Von den gebratenen Enten die Keulen abtrennen. Danach mit einem spitzen Messer zwischen Brustfleisch und Haut fahren und diese abheben. Die Brust in dünne Längsstreifen aufschneiden und von den Karkassen heben. Diese Bruststreifen oder Aiguillettes fächerförmig auf 4 vorgewärmte Teller plazieren und mit der tomatierten Sauce umgießen. Mit einem kleinen Gemüse – zarten grünen Erbsen, jungen Karotten oder weißen Rübchen – servieren.

☆ Die Entenkeulen, falls sie zu fett sein sollten, leicht entfetten und im Gelenk halbieren.

☆ In einer flachen Kasserolle die Keulenstücke in 20 g Butter nochmals von jeder Seite 1 Minute anbraten.

☆ Den gemischten Salat mit der gebratenen Entenleber und mit Knoblauchkrüstchen auf 4 vorgewärmten Tellern anrichten und mit den gebratenen Keulenstücken umlegen.

☆ Den Bratfond schnell mit etwa 2 Eßlöffel Geflügelfond ablöschen, mit Salz und frisch gemahlenem Pfeffer würzen und die in Streifen geschnittenen Basilikumblätter einstreuen. Mit diesem Jus die gebratenen Keulen begießen. – Für den großen Appetit ein Kartoffelpüree nach Brabanter Art (siehe Seite 112) getrennt dazu reichen.

Zubereitungsdauer: 1 Stunde 40 Minuten zuzüglich der Einweichzeit der Erbsen.

Schnitzel von Entenstopfleber mit fernöstlichem Aroma

ESCALOPES DE FOIE DE CANARD AUX DEUX PARFUMS

Zutaten für 4 Personen
650 g frische Entenstopfleber
300 g Kaiserschoten
40 g Räucherspeck
20 g Butter
1 Knoblauchzehe
1 EL Erdnußöl
Orangensauce nach dem Rezept auf Seite 201
20 g in Sirup kandierter Ingwer
Salz, frisch gemahlener weißer Pfeffer

Zubereiten

☆ Von der frischen Entenstopfleber eventuell vorhandene gallige Flecken entfernen. Die Leber in große Schnitzel von 8 mm Dicke schneiden. Mit der schönen Seite nach unten auf ein Brett legen. Von der obenliegenden Seite alle sichtbaren Gefäßstränge entfernen.

☆ Die geputzten Kaiserschoten waschen und abtropfen lassen. Anschließend in feine Streifen schneiden und kurz in Salzwasser blanchieren.

☆ Den Speck in dünne Scheiben schneiden, diese entrinden und in feine regelmäßige Streifen schneiden.

☆ In einer Pfanne 10 g Butter erhitzen und darin die Speckstreifen knusprig braten.

☆ Die restliche Butter in einer kleinen Kasserolle schmelzen lassen. Die Kaiserschoten, die gebratenen Speckstreifen sowie die fein gehackte Knoblauchzehe einrühren und darin heiß schwenken. Mit frisch gemahlenem Pfeffer und nur wenig Salz würzen und warm halten.

☆ Den kandierten Ingwer fein hacken und zusammen mit 1 Moccalöffel Sirup in die Orangensauce rühren und erhitzen.

☆ Das Öl auf zwei Pfannen mit Antihaftbeschichtung verteilen und erhitzen. Die Entenleberschnitzel mit Salz und frisch gemahlenem Pfeffer bestreuen, in die heiße Pfanne legen und schnell anbräunen. Vorsichtig wenden und über reduzierter Hitze etwa 3–4 Minuten braten. Sie sind gar, wenn sie auf leichten Fingerdruck nur noch wenig nachgeben.

☆ Die Entenleberschnitzel auf einem angewärmten Küchentuch entfetten. Auf 4 vorgewärmte Teller verteilen und nochmals 30 Sekunden in den sehr heißen Ofen oder einige Augenblicke unter den heißen Grill schieben.

Anrichten

☆ Um die Entenleberschnitzel herum auf eine Seite die Kaiserschoten, auf die andere die Orangensauce mit den Ingwerstreifen geben und sofort servieren.

Zubereitungsdauer: 55 Minuten.

Gefülltes Täubchen »Diamant noir«

PIGEONNEAU FARCI »DIAMANT NOIR«

Zutaten für 4 Personen
2 junge Tauben von je 350 g
150 g Schweinsnetz (siehe Hinweis)
25 g Butter
Salz, frisch gemahlener Pfeffer

Für die Füllung
60 g geschälte weiße Rübchen
2 kleine gekochte Artischockenböden
40 g Trüffeln
140 g Geflügelfarce (siehe Seite 23)

Für die Sauce
½ dl Geflügelfond (siehe Seite 12)
1½ dl Trüffeljus
4 EL Kalbsfond (siehe Seite 13)
25 g Butter

Zubereiten

☆ Die Täubchen, die schön fleischig und nicht zu fett sein sollen, vom Rücken her ausbeinen. Dazu wird mit einem kleinen scharfen Küchenmesser die Haut am Rückgrat entlang aufgeschnitten und samt dem Fleisch von den Rückenknochen abgelöst. Vorsichtig arbeiten, damit die Haut nicht beschädigt wird. Flügel- und Keulenknochen im Gelenk von der Karkasse abtrennen. Die Keulen- und Flügelknochen nicht auslösen.

☆ Für die Füllung die geschälten zarten Rübchen in ½ cm große regelmäßige Würfel schneiden und kurze Zeit in Salzwasser blanchieren.

☆ Den abgekochten Artischockenboden sauber beschneiden und in ebenso große Würfel wie die Rübchen schneiden.

☆ Die Trüffeln ebenfalls würfeln.

☆ Die Rübchen-, Artischocken- und Trüffelwürfel behutsam mit der Geflügelfarce vermengen.

☆ Die entbeinten Täubchen mit der Hautseite nach unten flach auf der Arbeitsplatte ausbreiten und mit Salz und frisch gemahlenem Pfeffer würzen.

☆ Die Farce teilen und zu 2 Kugeln formen. Auf jedes Täubchen 1 Kugel legen und in das flachgedrückte Fleisch einschlagen. Mit je 1 passend zurechtgeschnittenem Schweinsnetz umhüllen oder, nicht zu fest, mit Küchenzwirn umwickeln.

☆ In einem kleinen Bräter 25 g Butter erhitzen und die gefüllten Täubchen mit der Brustseite nach unten hineinlegen. Über mittlerer Hitze von allen Seiten anbräunen. Danach im 200°C heißen Ofen 20 Minuten braten und dabei mehrfach mit dem Bratenfond begießen. Herausheben und warm gestellt ruhen lassen.

☆ Falls die Täubchen zu viel Fett während des Bratens abgegeben haben, wird dieses mit einem Löffel abgeschöpft und nur etwa 3−4 Eßlöffel Bratenfett im Bräter belassen. Diesen Bratenfond anschließend mit dem Geflügelfond ablöschen, aufkochen und auf die Hälfte reduzieren. Danach den Trüffelfond sowie den Kalbsfond einrühren. Nochmals kurz aufkochen und abseits vom Feuer 25 g Butter in kleinen Flocken mit dem Rührbesen einschwenken. Die Sauce mit Salz und frisch gemahlenem Pfeffer abschmecken.

☆ Die Täubchen nochmals kurz in den heißen Ofen schieben, damit sie schön heiß werden. Danach jedes in 2 Hälften aufschneiden. Den ausgetretenen Saft in die Sauce rühren.

Anrichten

☆ Je ein halbes Täubchen auf 4 vorgewärmte Teller plazieren, mit der Sauce umgießen und auftragen. Als Beilage reicht man Spargelspitzen und einen Blattspinat.

Zubereitungsdauer: 1 Stunde 40 Minuten.

Hinweis

Das Schweinsnetz ist eine zarte, folienartige, mit feinen Fettadern durchzogene Haut. Es ist ohne jeden Eigengeschmack und verschmilzt mit dem Bratgut. Auf Vorbestellung erhält man es beim Metzger.

Wachteln im Rhabarberblatt

Poêlée de cailles aux jeunes feuilles de rhubarbe

Zutaten für 4 Personen

6 fette Wachteln
250 g Rhabarber
8 junge Rhabarberblätter
120 g feiner Kristallzucker
80 g Butter
½ dl Geflügelfond (siehe Seite 12)
Salz, frisch gemahlener
weißer Pfeffer

Zubereiten

☆ Von den küchenfertigen Wachteln mit einem kleinen scharfen Küchenmesser die Keulen abtrennen und die Brusthälften samt den Flügeln abheben. — Die Karkassen für die Herstellung des Geflügelfonds verwenden. — Die Brusthälften und die Keulen getrennt mit der Hautseite nach oben auf 2 Teller legen.

☆ Die Rhabarberstiele waschen und die Fäden abziehen. In kleine Stücke schneiden und mit je 1 Eßlöffel Zucker und Wasser auf kleiner Flamme zum Kochen bringen. Zugedeckt in etwa 10 Minuten weich dünsten. Danach im Mixer pürieren, durch ein Sieb streichen und für die Sauce bereithalten.

☆ Die Rhabarberblätter — es müssen die kaum handtellergroßen, rötlich-hellen Blätter des Treibhaus-Rhabarbers sein — waschen und mit einem Küchentuch gründlich trockentupfen.

☆ Die Wachtelbrüste und -keulen mit Salz, frisch gemahlenem Pfeffer und mit Zucker bestreuen.

☆ In 2 Pfannen je 30 g Butter erhitzen, bis sie nußbraun ist. In die eine Pfanne die Keulen, in die andere die Brusthälften mit der Hautseite nach unten einlegen. Über lebhaftem Feuer anbraten und leicht karamelisieren lassen. Auf die andere Seite wenden und dabei wieder mit Salz, Pfeffer und Zucker bestreuen. Über reduzierter Hitze die Keulen 2—3 Minuten, die Brusthälften 4—5 Minuten braten. Anschließend herausheben und warm gestellt ruhen lassen.

☆ Inzwischen den Bratensatz in beiden Pfannen mit Geflügelfond ablöschen, zusammenschütten und den pürierten Rhabarber einrühren. Sollte diese Sauce zu dick sein, etwas Wasser oder Fond einrühren. Ist sie zu dünn, muß sie bis zur gewünschten Konsistenz eingekocht werden. Mit Salz, frisch gemahlenem Pfeffer sowie Zucker abschmecken und warm halten.

☆ Danach in 2 Pfannen je 10 g Butter auf mittlerer Flamme erhitzen und die gut abgetrockneten Rhabarberblätter einlegen. Mit Zucker überpudern, etwas Farbe annehmen lassen und wenden. Auch die andere Seite zuckern, karamelisieren und knusprig werden lassen.

Anrichten

☆ Auf 4 vorgewärmte Teller je 1 Eßlöffel Sauce geben, die Wachteln darauf plazieren und mit den karamelisierten Rhabarberblätter bedecken. Als Gemüse reicht man zarte Karotten, feine Erbschen und in Butter geschwenkte weiße Rübchen.

Zubereitungsdauer: 55 Minuten.

Hinweis

Nur die ganz frühen Rhabarberblätter eignen sich zum Karamelisieren. Ausgewachsene grüne Blätter enthalten zu viel schädliche Oxalsäuren und dürfen nicht verwendet werden.
Wachteln kommen heute fast ausschließlich aus Züchtereien. Sie gelten daher nicht mehr als Wildgeflügel.

Gefüllter Kaninchenrücken auf Hummersauce

RÂBLE DE LAPEREAU ET HOMARD AUX PARFUMS CONJUGUÉS

Zutaten für 4 Personen

1 Kaninchenrücken von 600 g
1 weiblicher Hummer von 450 g
120 g Geflügelfarce (siehe Seite 23)
10 g fein geschnittene Petersilie
1 Schweinsnetz (siehe Hinweis)
2 l Geflügelfond (siehe Seite 12)
100 g Butter
1 kleine Schalotte
2 cl Cognac
1 dl trockener Weißwein (Loire)
2 dl Fischfond (siehe Seite 17)
450 g Tomaten
1 Thymianzweig
½ Lorbeerblatt
12 kleine Kaiserschoten
8 Waldpilze
Salz, frisch gemahlener Pfeffer
gezupfter Kerbel als Garnitur

Zubereiten

☆ Den Kaninchenrücken von der Bauchseite her ausbeinen. Das Fleisch in einem Stück von der Karkasse lösen, flach ausbreiten und zu einem länglichen Rechteck zurechtschneiden.

☆ Den Hummer abkochen, wie auf Seite 24 beschrieben wird, und das Hummerfleisch auslösen. Den dunklen Darmstrang aus dem Schwanzfleisch entfernen und das Fleisch in ½ cm große Würfel schneiden. Das Scherenfleisch möglichst unbeschädigt ausbrechen. Jede Schere vorsichtig halbieren und für die Garnitur bereithalten. Eier und Corail des Hummers für die Füllung verwenden. Die Hummerschalen für die Sauce bereithalten.

☆ In einer Schüssel die Geflügelfarce mit dem gewürfelten Hummerfleisch, den Eiern und dem Corail des Hummers sowie der fein geschnittenen Petersilie behutsam vermischen.

☆ Diese Farce als Mittelstrang auf den ausgebreiteten, flachgedrückten Kaninchenrücken legen und die Bauchlappen so darüberklappen, daß die Farce völlig umhüllt ist.

☆ Den gefüllten Rücken in ein passend zurechtgeschnittenes Stück Schweinsnetz hüllen und eventuell noch mit Küchenzwirn locker in Form binden.

☆ In einem länglichen Topf den Geflügelfond auf großer Flamme zum Kochen bringen. Anschließend die Hitze reduzieren. Den gefüllten Kaninchenrücken vorsichtig hineinlegen und auf kleiner Flamme 35–40 Minuten pochieren. Anschließend herausheben, abtropfen und warm gestellt kurze Zeit ruhen lassen.

☆ In der Zwischenzeit für die Sauce die Hummerschalen abspülen, abtropfen lassen und im Mörser zerstampfen. Danach in 40 g Butter über lebhaftem Feuer etwa 3–4 Minuten anrösten. Die Hitze reduzieren, die fein geschnittene Schalotte einrühren und etwa 4 Minuten anschwitzen. Anschließend mit dem Cognac flambieren, mit dem Weißwein und dem Fischfond ablöschen und die geschälten und grob zerschnittenen Tomaten sowie den Thymianzweig und das ½ Lorbeerblatt zufügen. Zum Kochen bringen und auf kleiner Flamme etwa 20 Minuten kochen lassen.

☆ Danach diesen Saucenfond durch ein Spitzsieb in einen sauberen Topf abseihen, dabei die Rückstände im Sieb kräftig ausdrücken. Erneut zum Kochen bringen und auf zwei Drittel der Flüssigkeitsmenge reduzieren. Abseits vom Feuer 40 g Butter in kleinen Flocken mit dem Rührbesen einschwenken. Die Sauce mit Salz und frisch gemahlenem Pfeffer abschmecken und warm halten.

☆ Für die Garnitur die geputzten Kaiserschoten in wenig Salzwasser knackig garen.

☆ Die geputzten Waldpilze – etwa kleine Steinpilze oder Maronen – halbieren, in der restlichen Butter schnell anbraten und mit Salz und frisch gemahlenem Pfeffer würzen.

☆ Die halbierten Hummerscheren kurz im Geflügelfond erhitzen.

☆ Unmittelbar vor dem Servieren den gefüllten Kaninchenrücken mit einem elektrischen Messer vorsichtig in 8 dicke Scheiben schneiden.

Anrichten

☆ Auf 4 vorgewärmte flache Teller einen Saucenspiegel gießen und darauf die 4 schönsten Scheiben plazieren – die anderen später nachlegen. Je 3 Kaiserschoten fächerförmig danebenlegen und je ½ Hummerschere dazutun. Die andere Tellerhälfte mit den halbierten Pilzen und mit etwas gezupftem Kerbel garnieren.

Zubereitungsdauer: 1 Stunde 30 Minuten zuzüglich der Kochzeit des Hummers.

Hinweis

*Es gehört zu den Eigenheiten der französischen Küche,
daß das Hauskaninchen zum Geflügel gezählt wird –
wohl weil es im Geflügelhof gehalten wurde.*

Wild und Wildgeflügel

Rehkeule auf feiner Pfeffersauce mit Crème de Cassis

Rehnüßchen mit Gänselebersauce

Frischlingsrücken in Wacholdersauce

Hasenkeulen nach Trappistenart mit Backpflaumen

Hasenrücken in dunkler Senfcremesauce mit Pomerol

Hasenrücken in Burgundersauce mit
glasierten Schalotten und Perlzwiebeln

Wildente »Sentiments d'automne«

Fasan auf Chicorée nach Brabanter Art

Junges Rebhuhn im Weinblatt »Papa Louis«

Rehkeule auf feiner Pfeffersauce mit Crème de Cassis

GIGUE DE CHEVREUIL À LA POIVRADE ROYALE AU CASSIS

Zutaten für 4 Personen

1 Rehkeule von etwa 1⅓ kg
150 g Butter
1 dl Geflügelfond (siehe Seite 12)
4 dl Pfeffersauce (siehe Seite 42)
4 TL Crème de Cassis
Salz, frisch gemahlener Pfeffer

Zubereiten

☆ Die Keule enthäuten und mit Salz und frisch gemahlenem Pfeffer würzen.

☆ In einem passenden Bräter 80 g Butter über mittlerer Hitze schmelzen. Die Keule in die heiße Butter legen und von allen Seiten leicht anbräunen.

☆ Danach die Keule mit der Bratbutter begießen, in den 190°C heißen Ofen geben und 35−40 Minuten braten. Dabei mehrmals wenden und immer wieder mit der Bratbutter begießen.

☆ Nach Ablauf der Garzeit eine Garprobe machen: Dazu mit einer großen Metallnadel in die Keulenmitte stechen. Hat sich die Nadel nach 20 Sekunden erwärmt, ist die Rehkeule rosa − »medium« − gebraten.

☆ Den Bräter aus dem Ofen nehmen, die Rehkeule herausheben und mit Alufolie abgedeckt etwa 30 Minuten ruhen lassen.

☆ Unterdessen den Bratensatz im Bräter mit dem Geflügelfond ablöschen. Die Pfeffersauce einrühren und kurz aufkochen. Anschließend durch ein feines Sieb in einen sauberen Topf passieren, nochmals erhitzen und danach abseits vom Feuer die restlichen 70 g Butter flockenweise einschwenken. Den Fleischsaft, der sich unter der Keule gesammelt hat, sowie den Cassis-Likör einrühren. Die Sauce abschmecken und warm halten.

☆ Die Rehkeule erneut für 3−4 Minuten in den heißen Ofen schieben. Danach auf einem warmen Tranchierbrett (nicht auf einem kalten Teller!) in dünne Scheiben schneiden.

Anrichten

☆ Die Scheiben auf vorgewärmte Teller plazieren und mit der Sauce überziehen. Als Beilage in Butter sautierte Waldpilze, Blattspinat oder ein Gemüse eigener Wahl servieren.

Zubereitungsdauer: 1 Stunde 30 Minuten.

Fasan auf Chicorée nach Brabanter Art
Rezept Seite 169

Junges Rebhuhn im Weinblatt »Papa Louis«
Rezept Seite 170

Rehnüßchen mit Gänselebersauce

NOISETTES DE CHEVREUIL, SAUCE AU FOIE GRAS

Zutaten für 4 Personen

750 g Rehfilet
1 kleine Schalotte
50 g Butter
½ TL mittelscharfer Senf
1 TL Cognac
7½ cl Geflügelfond (siehe Seite 12)
150 g feine Pfeffersauce
(siehe Seite 42)
1 TL Kalbsglace (siehe Seite 13)
50 g ungetrüffelte Gänsestopfleber
(siehe Seite 59)
Salz, frisch gemahlener Pfeffer

Zubereiten

☆ Den ausgelösten, gut parierten Filetstrang in Nüßchen (Scheiben von 2 cm Dicke) schneiden. Mit Frischhaltefolie abdecken und im Kühlschrank bereithalten.

☆ Für die Sauce die Schalotte fein würfeln und über mittlerer Hitze in 10 g Butter 1 Minute anschwitzen. Anschließend den Senf einrühren und 1 weitere Minute dünsten. Mit dem Cognac sowie 2 Eßlöffel Geflügelfond ablöschen und die Kalbsglace zufügen.

☆ Diesen Fond mit der Gänsestopfleber im Mixer vermischen und das Püree anschließend durch ein feines Sieb streichen.

☆ Danach die restliche Butter in einem weiten flachen Topf erhitzen. Die mit Salz und frisch gemahlenem Pfeffer gewürzten Rehnüßchen in die heiße Butter legen und von jeder Seite 1½ Minuten anbraten. Herausheben und auf ein Abtropfgitter über einen Teller setzen. Warm halten.

☆ Den Bratensatz mit dem restlichen Geflügelfond ablöschen und die Pfeffersauce einrühren. Zum Kochen bringen und danach durch ein feines Sieb passieren. Nochmals kurz aufkochen und abseits vom Feuer das Gänseleberpüree einrühren, das der Sauce Glanz und Glätte gibt. Die fertige Sauce abschmecken und warm halten.

☆ Vor dem Servieren die Rehnüßchen für 2—3 Minuten in den auf 220°C vorgeheizten Ofen geben, damit sie wieder durch und durch heiß werden. Den ausgetretenen Fleischsaft in die Sauce rühren.

Anrichten

☆ Jeweils 2 Rehnüßchen auf 4 vorgewärmte Teller plazieren und mit der Sauce überziehen — die restlichen später nachlegen. Ein herbstliches Gemüse — etwa Rosenkohl mit Maronen — getrennt dazu reichen.

Zubereitungsdauer: 35 Minuten.

Frischlingsrücken in Wacholdersauce

SELLE DE MARCASSIN AU GENIÈVRE

Zutaten für 4 Personen

1 Frischlingsrücken von etwa 1 kg
100 g schieres Frischlingsfleisch
(aus Keule oder Schulter)
2 dl kräftiger roter Bordeauxwein
50 g Zwiebelwürfel
30 g Karottenwürfel
1 Knoblauchzehe
1 Thymianzweig
1 kleines Lorbeerblatt
100 g Butter
5 g Wacholderbeeren
1 cl Wacholderschnaps
3 EL Johannisbeergelee
2 TL mittelscharfer Senf
¼ l Sahne
1 dl Geflügelfond (siehe Seite 12)
Salz, frisch gemahlener
weißer Pfeffer
1 Prise Cayennepfeffer

Zubereiten

☆ Für eine gehaltvolle, aromatische Sauce wird das schiere Frischlingsfleisch (aus Keule oder Schuler) 24 Stunden in eine Marinade aus 1 dl Rotwein und den Aromaten – den Zwiebel- und Karottenwürfeln, der geschälten Knoblauchzehe sowie dem Thymianzweig und dem Lorbeerblatt – gelegt.

☆ Danach das Fleisch aus der Marinade nehmen und in 20 g Butter über lebhafter Flamme kurz anbraten. Mit der Marinade ablöschen und auch die Aromaten wieder zufügen. Zugedeckt etwa 2½ Stunden langsam kochen. Wenn der Wein zu sehr einkocht, muß die gleiche Menge Wasser nachgefüllt werden.

☆ Danach das Lorbeerblatt und den Thymianzweig entfernen. Das Fleisch würfeln und zusammen mit dem Fond und dem Würzgemüse im Mixer 3–4 Minuten sehr fein pürieren.

☆ Von diesem Püree 150 g für die Sauce abnehmen. – Der Rest läßt sich gut einfrieren und später als Basis für eine andere Wildsauce verwenden.

☆ Die Wacholderbeeren leicht zerdrücken, in 1 dl Rotwein aufkochen und 10 Minuten ziehen lassen.

☆ Diese Infusion durch ein feines Sieb in das Püree gießen. Dazu außerdem 1 cl Wacholderschnaps, 30 g Butter, 3 Eßlöffel Johannisbeergelee und 2 Teelöffel mittelscharfen Senf einrühren. Mit 1 Messerspitze Cayennepfeffer, Salz und frisch gemahlenem weißem Pfeffer abschmecken.

☆ Inzwischen die restliche Butter in einem Bräter erhitzen. Den gut parierten Frischlingsrücken einlegen und von allen Seiten leicht anbräunen.

☆ Danach wird er mit Salz und frisch gemahlenem weißem Pfeffer gewürzt und für 20 Minuten in den 200°C heißen Ofen geschoben. Während dieser Zeit muß er gewendet und mehrmals mit der Bratbutter übergossen werden.

☆ Indessen die bereitgehaltene Saucenbasis unter ständigem Rühren aufkochen, die Sahne zufügen und nochmals kurz zum Kochen bringen.

☆ Den Frischlingsrücken aus dem Ofen nehmen, auf eine vorgewärmte Platte legen und mit Aluminiumfolie abdecken. Einige Minuten ruhen lassen.

☆ Inzwischen den Bratensatz mit dem Geflügelfond ablöschen und auf die Hälfte einkochen. Danach durch ein feines Sieb in die Sauce gießen.

☆ Den Frischlingsrücken nochmals 2 Minuten in den heißen Ofen geben. Danach die Filetstränge entweder auslösen und in 2 cm dicke Scheiben (Nüßchen) schneiden oder aber am Knochen in lange Längsstreifen (Aiguillettes) aufschneiden. Den dabei austretenden Saft ebenfalls in die Sauce rühren.

Anrichten

☆ Die schönsten Scheiben auf 4 vorgewärmte Teller verteilen (den Rest später nachlegen) und mit der Sauce nur zum Teil überziehen, damit man auch die zartrosa Farbe des perfekt gebratenen Fleisches goutieren kann. Als Beilage Lauchküchlein (siehe Seite 117) und gedünstete Apfelschnitzel reichen.

Zubereitungsdauer: 3 Stunden und 24 Stunden Marinierzeit.

Hasenkeulen nach Trappistenart mit Backpflaumen

CUISSES DE LIÈVRE À LA TRAPPISTE ET AUX PRUNEAUX

Zutaten für 4 Personen
4 fleischige Hasenkeulen
600 g Backpflaumen
5 dl Wasser
70 g Mehl
100 g Butter
600 g gewürfelte Gemüsezwiebeln
2 Flaschen dunkles Trappistenbier
zu je 33 cl
2 Knoblauchzehen
2 Lorbeerblätter
2 Thymianzweige
Salz, frisch gemahlener Pfeffer

Zubereiten

☆ Die Backpflaumen 2 Stunden in 2 dl Wasser einweichen. Danach herausnehmen, die Kerne auslösen und die Pflaumen wieder ins Einweichwasser zurückgeben.

☆ Die Hasenkeulen entbeinen und das Fleisch in etwa 3 cm große Würfel schneiden.

☆ Die Fleischwürfel mit Salz und frisch gemahlenem Pfeffer würzen und in 30 g gesiebtem Mehl wenden.

☆ In einem gußeisernen Bräter 50 g Butter erhitzen, die Fleischwürfel hineingeben und über lebhafter Flamme von allen Seiten gut anbräunen. Anschließend mit einer Schaumkelle aus dem Bräter heben und in eine Schüssel legen.

☆ Über reduzierter Hitze die restlichen 50 g Butter im Bräter schmelzen, die grob gewürfelten Gemüsezwiebeln einstreuen und 4–5 Minuten andünsten.

☆ Das restliche Mehl über die angedünsteten Zwiebeln stäuben und die Fleischwürfel darunterheben. Unter ständigem Rühren weitere 3–4 Minuten dünsten.

☆ Danach das Trappistenbier sowie etwa 3 dl Wasser angießen.

☆ Die Lorbeerblätter, die Thymianzweige und den durch die Knoblauchpresse getriebenen Knoblauch zufügen. Mit etwas Salz und frisch gemahlenem Pfeffer würzen.

☆ Über verstärkter Hitze zum Kochen bringen, dabei ständig rühren, damit nichts am Boden ansetzt.

☆ Nach dem Aufkochen die Hitze wieder reduzieren, das Ragout zudecken und auf kleiner Flamme 1½ Stunden schmoren lassen.

☆ Nach Ablauf dieser Zeit die Backpflaumen samt ihrem Einweichwasser ins Ragout rühren. Erneut zum Kochen bringen und weitere 30 Minuten über gelinder Hitze schmoren lassen.

☆ Anschließend vom Feuer nehmen und die Thymianzweige sowie die Lorbeerblätter herausnehmen.

Anrichten

☆ Das Ragout in einer vorgewärmten Schüssel auftragen und schlichte Salzkartoffeln getrennt dazu reichen.

Zubereitungsdauer: 3 Stunden und 2 Stunden Einweichzeit für die Backpflaumen.

Hasenrücken in dunkler Senfcremesauce mit Pomerol

RÂBLE DE LIÈVRE, COULIS DE POMEROL, CRÈME À LA MOUTARDE

Zutaten für 4 Personen

2 Hasenrücken von je 800 g
1 Hasenkeule
50 g Hasenleber
3½ dl Rotwein
(junger, kräftiger Pomerol)
100 g grob zerschnittene Zwiebeln
2 Knoblauchzehen
1 Thymianzweig
1 Lorbeerblatt
100 g Butter
40 g mittelscharfer Senf
2½ g bittere Schokolade
⅛ l Sahne
Salz, frisch gemahlener Pfeffer
Cayennepfeffer

Zubereiten

☆ Für die Saucenbasis das Fleisch der Hasenkeule auslösen und zusammen mit der Leber 24 Stunden in einer Marinade von 2 dl Rotwein, den grob zerschnittenen Zwiebeln, den geschälten Knoblauchzehen sowie dem Lorbeerblatt und dem Thymianzweig legen.

☆ Das Fleisch und die Leber anschließend herausheben, abtropfen lassen und in 20 g Butter leicht anbraten. Die Marinade mit den Würzzutaten zufügen und das Ganze zum Kochen bringen. Zugedeckt über gelinder Hitze 2½ Stunden kochen. Wenn der Wein zu sehr verkocht, die gleiche Menge Wasser nachgießen.

☆ Anschließend das Lorbeerblatt und den Thymianzweig entfernen. Das Fleisch mit dem Würzgemüse durch den Fleischwolf treiben, danach zusammen mit dem Kochfond im Mixer 3—4 Minuten sehr fein pürieren.

☆ Etwa 150 g dieses Saucenfonds abnehmen — der Rest läßt sich gut einfrieren und für eine weitere Wildsauce verwenden.

☆ In den Saucenfond 5 cl Rotwein, 30 g Butter, den Senf, die bittere Schokolade, 5 g Salz, 1 g gemahlenen Pfeffer sowie 1 g Cayennepfeffer geben. Die Sahne einrühren und alles unter ständigem Rühren kurz aufkochen lassen. Danach warm halten.

☆ In einem gußeisernen Bräter 50 g Butter erhitzen. Darin die beiden Hasenrücken rundum kurz anbraten und mit Salz sowie frisch gemahlenem Pfeffer würzen.

☆ Die Hasenrücken für etwa 12 Minuten in den 200°C heißen Ofen geben, dabei mehrmals mit der Bratbutter begießen.

☆ Nach Ende der Bratzeit die Hasenrücken auf eine vorgewärmte Platte legen, mit Aluminiumfolie abdecken und warm gestellt ruhen lassen.

☆ Inzwischen den Bratensatz im Bräter mit 1 dl Rotwein ablöschen und auf die Hälfte einkochen. Dabei alle Bratreste mit einem Holzlöffel vom Topfboden lösen. Diesen Bratfond anschließend in die bereitgehaltene Sauce einrühren und diese nochmals abschmecken.

Anrichten

☆ Die Filetstränge am Rückgrat entlang mit Gabel und Löffel auslösen und auf vorgewärmte Teller verteilen. Mit der Sauce überziehen und servieren. Getrennt dazu Kartoffelkroketten (Rezept Seite 113) und sautierte Selleriewürfel (Rezept Seite 121) reichen.

Zubereitungsdauer: 2 Stunden 45 Minuten und 24 Stunden Marinierzeit.

Hinweis

In der angegebenen Zeit sind die Hasenrücken rosa gebraten. Zieht man durchgebratenes Fleisch vor, so muß man noch weitere 3−4 Minuten Bratzeit im Ofen zugeben.

Hasenrücken in Burgundersauce mit glasierten Schalotten und Perlzwiebeln

RÂBLE DE LIÈVRE AU PINOT NOIR ET EN GARNITURE SAUVAGE

Zutaten für 4 Personen

2 Hasenrücken von je 800 g
15 kleine Schalotten
12 kleine Perlzwiebeln
190 g Butter
1½ dl roter kräftiger Burgunder
(Pinot noir)
1½ dl Tomatensauce (siehe Seite 39)
1 TL Himbeersauce (siehe Seite 199)
10 g feiner Kristallzucker
1 dl Geflügelfond (siehe Seite 12)
Salz, frisch gemahlener Pfeffer

Zubereiten

☆ Die beiden Hasenrücken gut parieren und entsehnen.

☆ Die kleinen Schalotten und die jungen Perlzwiebeln schälen.

☆ Für die Sauce 3 Schalotten fein würfeln und in 25 g Butter andünsten, ohne Farbe zu geben.

☆ Mit einem jungen, aber kräftigen Burgunder ablöschen und die Tomatensauce einrühren. Zum Kochen bringen und auf zwei Drittel der Flüssigkeitsmenge reduzieren.

☆ Danach die Himbeersauce zufügen und das Ganze durch ein feines Sieb passieren. Abseits vom Feuer 75 g Butter in kleinen Flocken mit dem Rührbesen einschwenken.

☆ Die Schalotten und die Perlzwiebeln getrennt in je 20 g Butter über mittlerer Hitze andünsten. Mit je 5 g Kristallzucker bestäuben und leicht karamelisieren lassen. Anschließend mit je ½ dl Geflügelfond ablöschen und zugedeckt etwa 10−12 Minuten dünsten. Schalotten und Perlzwiebeln sollen noch einen leichten Biß behalten.

☆ Inzwischen in einem gußeisernen Bräter 50 g Butter erhitzen. Darin die beiden Hasenrücken leicht anbräunen. Danach mit Salz und frisch gemahlenem Pfeffer würzen und im 200°C heißen Ofen etwa 12 Minuten braten. Dabei mehrmals mit dem Bratfond übergießen.

☆ Die Hasenrücken aus dem Bräter nehmen und mit Alufolie abgedeckt an einem warmen Platz ruhen lassen.

☆ Den Bratfond im Bräter mit ½ dl Wasser ablöschen, dabei mit einem Holzlöffel den Bratensatz vom Topfboden lösen. Den Bratfond durch ein feines Sieb in die Sauce gießen.

☆ Danach die glasierten Schalotten und Perlzwiebeln in die Sauce einlegen. Mit Salz und frisch gemahlenem Pfeffer abschmecken.

☆ Die Sauce nochmals erhitzen, jedoch nicht mehr zum Kochen bringen. Über ganz gelinder Hitze 15 Minuten ziehen lassen, damit sich ihr Aroma konzentriert.

☆ Die Hasenrücken nochmals 2 Minuten in den heißen Ofen geben. Anschließend die Filetstränge auslösen, indem man mit einem Löffel am Rückgrat entlangfährt und das Fleisch mit einer Gabel abhebt.

Anrichten

☆ Die ausgelösten Filets auf eine vorgewärmte Servierplatte legen, mit der Sauce überziehen und auftragen.

Kartoffelkroketten (Rezept Seite 113) und sautierte Waldpilze (Rezept Seite 122) getrennt dazu reichen.

Zubereitungsdauer: 1 Stunde 5 Minuten.

Wildente »Sentiments d'automne«

CANARD SAUVAGE »SENTIMENTS D'AUTOMNE«

Zutaten für 4 Personen
2 Wildenten
2 EL Erdnußöl
120 g Butter
1½ dl trockener Wein (Loire)
2 dl Entenfond (siehe Seite 16)
2 EL Kalbsfond (siehe Seite 13)
je ¼ rote und grüne Paprikaschote
¼ Apfel (Golden Delicious)
je 12 rote und grüne Pfefferkörner
Salz, frisch gemahlener Pfeffer

Zubereiten

☆ In einem ausreichend großen Bräter 2 Eßlöffel Erdnußöl erhitzen. Die (vom Händler küchenfertig gemachten und bridierten) Wildenten einlegen und im heißen Öl wenden. Danach den Bräter in den 200°C heißen Ofen geben.

☆ Nach etwa 10 Minuten den Bräter aus dem Ofen nehmen, das Öl abgießen und durch 50 g frische Butter ersetzen. Die Wildenten mit Salz und frisch gemahlenem Pfeffer würzen und für weitere 10 Minuten in den Ofen geben. Sie sind dann rosa gebraten – man kann es daran erkennen, daß das Fleisch auf leichten Fingerdruck nur geringfügig nachgibt.

☆ Die Enten herausheben, mit Aluminiumfolie abdecken und warm gestellt ruhen lassen.

☆ Unterdessen den Bratensatz mit dem Weißwein ablöschen und den Entenfond zugießen. Auf dem Herd zum Kochen bringen und auf zwei Drittel der ursprünglichen Menge einkochen lassen. Danach den Kalbsfond einrühren und abseits der Hitze 50 g Butter flockenweise mit dem Rührbesen einschwenken. Die Sauce mit Salz und frisch gemahlenem Pfeffer würzen und warm halten.

☆ Für die Sauceneinlage die rote und die grüne Paprikaschote in kochendem Wasser blanchieren, kalt abschrecken und die Haut abziehen. Das Fruchtfleisch in sehr kleine Würfel schneiden. Man benötigt je etwa 25 g rote und grüne Paprikawürfelchen.

☆ Den Apfel schälen, in kleine Würfel schneiden und in 20 g Butter über lebhafter Flamme 2 Minuten unter ständigem Rühren dünsten.

☆ Die Paprika- und Apfelwürfel sowie die roten und grünen Pfefferkörner unter die Sauce heben. Nochmals abschmecken und warm gestellt ruhen lassen, damit sich die Aromen verbinden.

☆ Unterdessen die Bridierfäden entfernen und die Enten für nochmals 2 Minuten in den heißen Ofen schieben.

☆ Vor dem Tranchieren die Haut vom Fleisch lösen und abheben. Die Entenbrust in dünne Längsstreifen aufschneiden. Die Keulen abtrennen und in der Sauce warm halten.

Anrichten

☆ Die Entenbruststreifen fächerförmig auf 4 vorgewärmte Teller plazieren und nur zur Hälfte mit der Sauce überziehen. Die Keulen anschließend nachlegen. Kartoffelkroketten (Rezept Seite 113) und sautierte Waldpilze (Rezept Seite 122) getrennt dazu reichen.

Zubereitungsdauer: 1 Stunde 5 Minuten.

Fasan auf Chicorée nach Brabanter Art

FAISAN AUX WITLOOFS BRABANÇONS

Zutaten für 4 Personen
2 junge Fasenenhähne von je 1 kg
240 g Butter
12 Stangen gedünsteter Chicorée
(siehe Seite 115)
3 dl Geflügelfond (siehe Seite 12)
2 EL Kalbsfond (siehe Seite 13)
1 kleines Bund Petersilie
Salz, frisch gemahlener Pfeffer

Zubereiten

☆ Die bridierten, küchenfertigen Fasane mit Salz und frisch gemahlenem Pfeffer würzen.

☆ In einem passenden Bräter 100 g Butter erhitzen. Darin die Fasane über mittlerer Hitze von allen Seiten leicht anbräunen. Anschließend im 180°C heißen Ofen etwa 30 Minuten braten, dabei mehrmals mit der Bratbutter übergießen. Gegen Ende der Bratzeit die Bridierfäden entfernen und an der Innenseite der Keulen überprüfen, ob das Fleisch schön rosa gebraten ist.

☆ Unterdessen den bereits nach flämischer Art gedünsteten Chicorée (siehe Seite 115) aus seinem Fond heben, abtropfen lassen und den Fond zum Ablöschen des Bratfonds bereithalten.

☆ Die Chicoréestangen in 100 g heißer Butter von allen Seiten anbräunen und mit Salz und frisch gemahlenem Pfeffer würzen. Anschließend auf eine große Gratinierplatte legen, auf die auch die beiden gebratenen Fasane gelegt werden. Fasane und Chicorée warm halten.

☆ Inzwischen den Chicoréefond mit 2 dl Geflügelfond und den Bratfond der Fasane mit dem restlichen Geflügelfond ablöschen. Die beiden Fonds zusammengießen und den Kalbsfond einrühren. Leicht einkochen lassen. Danach abseits vom Feuer die restliche Butter flockenweise mit dem Rührbesen einschwenken. Mit Salz und frisch gemahlenem Pfeffer abschmecken.

☆ Mit dieser Sauce die beiden Fasane sowie den Chicorée übergießen und nochmals für 2−3 Minuten in den heißen Ofen geben.

☆ Anschließend die fein geschnittene Petersilie über den heißen Chicorée streuen.

☆ Von den Fasanen die Keulen abtrennen, halbieren und als zweiten Gang bereithalten. Die Brust in dünne Längsstreifen (Aiguillettes) aufschneiden.

Anrichten

☆ Auf 4 vorgewärmte Teller je 2 Chicoréestangen legen, darüber die Aiguillettes plazieren und mit der Sauce umgießen.

Zubereitungsdauer: 50 Minuten.

Junges Rebhuhn im Weinblatt »Papa Louis«

PERDREAU SAUVAGE »PAPA LOUIS« À LA FEUILLE DE VIGNE

Zutaten für 4 Personen

4 junge Rebhühner von je 200 g
samt Leber
4 Scheiben Bardierspeck
(3 × 4 cm groß)
8 kleine Weinblätter
200 g Butter
Salz, frisch gemahlener Pfeffer

Zubereiten

☆ Die küchenfertigen, bridierten Rebhühner innen und außen mit etwas Salz und frisch gemahlenem Pfeffer würzen. Die Brüstchen mit dünnen Scheiben vom fetten Speck bedecken. Danach die Rebhühner in je 2 gewaschene und trockengetupfte Weinblätter einschlagen und mit Küchenzwirn binden.

☆ Die Hälfte der Butter in einem Bräter schmelzen, den die Rebhühner möglichst ganz ausfüllen sollten.

☆ Die Rebhühner auf dem Herd über mittlerer Hitze von allen Seiten 3−4 Minuten anbraten. Die Weinblätter sollen dabei eine leichte Farbe annehmen. Die Hitze so dosieren, daß die Butter stets schäumt, aber hellbraun bleibt. Die Rebhühner müssen in der Butter liegen, damit sie schön saftig bleiben. Jedesmal wenn sie gewendet werden, ein nußgroßes Stück der restlichen Butter zufügen, damit die Brattemperatur stets gleich bleibt.

☆ Nach etwa 15 Minuten Bratzeit die Rebhühner vom Feuer nehmen und 15 Minuten ruhen lassen.

☆ Anschließend die Rebhühner aus den Weinblättern wickeln und die Speckscheiben sowie die Bridierfäden entfernen.

☆ Die Rebhühner mit dem Rücken nach oben in den Bräter zurückgeben und die Brüste leicht anbräunen. Nicht zu viel Hitze geben, sonst trocknet das Fleisch aus.

Anrichten

☆ Rebhühner können auf mehrere Arten angerichtet werden: Man kann sie im ganzen belassen oder in zwei Hälften teilen oder aber zuerst die ausgelösten Brüstchen servieren und die Keulen später nachlegen. Als Beilage serviert Pierre Wynants gerne sautierte Waldpilze (siehe Seite 122), kleine in Butter geröstete Weißbrotscheiben, gedünsteter Chicorée (siehe Seite 115) und, als besonderen Leckerbissen, die in Butter gebratene Leber der Rebhühner auf einem kleinen gemischten Salat.

Zubereitungsdauer: 50 Minuten.

Hinweis

Je kleiner die Rebhühner sind, desto zarter sind sie und desto
mehr werden sie geschätzt. Die Bratzeit muß dann
etwa um die Hälfte reduziert, die Brathitze jedoch leicht
verstärkt werden.

Süßspeisen

Erdbeeren »au citron«

Flambierte Weinbergpfirsiche

Heiße Tamarillos mit Vanilleeis

Salat von Orangen nach orientalischer Art

Warme Birnenscheiben mit Mandarinensauce und Blätterteig-Rauten

Warme Apfeltarteletten auf Pfirsichsauce mit Apfelsorbet

Bananen-Bavaroise mit Rum

Passionsfruchtkuchen

Mousse au chocolat

Feiner Schokoladenkuchen »Laurence et Véronique«

Smoutebollen

Apfelbeignets

Crêpes à l'orange

Karamelisierte Quarkpfannküchlein

Tarte au sucre

Brügger Buttergebäck

Genter Butterkekse

Spekulatius

Vanilleeis

Pfefferminzeis

Limettensorbet

Apfelsorbet

Mokkasauce

Schokoladensauce

Warme Mandarinensauce

Himbeersauce

Johannisbeersauce

Orangensauce

Pfirsichsauce

Sauce Colibri

Sauce Safari

Mürbeteig für Tarteletts

Blätterteig

Leichte Biskuitmasse

Konditorcreme

Crème surprise

Erdbeeren »au citron«

FRAISES AU CITRON

Zutaten für 4 Personen
500 g vollreife Erdbeeren
1 unbehandelte Zitrone
1 EL frisch gepreßter Orangensaft
70 g feiner Kristallzucker

Zubereiten

☆ Die vollreifen Erdbeeren sorgfältig waschen und auf einem Küchentuch abtropfen lassen. Anschließend die Stielansätze entfernen, die Erdbeeren halbieren und in eine Porzellanschüssel geben.

☆ Die unbehandelte Zitrone abwaschen, trockenreiben und die Zesten dünn abschälen. Die Zesten über den Erdbeeren ausdrücken, so daß ihr ätherisches Öl die Erdbeeren aromatisiert, und anschließend in die Schüssel geben.

☆ Die Zitrone auspressen und ihren Saft zusammen mit 1 Eßlöffel frisch gepreßtem Orangensaft über die Erdbeeren gießen.

☆ Den feinen Kristallzucker darüberstreuen und das Ganze vorsichtig vermischen.

☆ Mit Frischhaltefolie abdecken und die Erdbeeren bei Zimmertemperatur etwa 20 Minuten mazerieren.

☆ Vor dem Anrichten die Zitronenzesten entfernen.

Anrichten

☆ Die Erdbeeren in 4 Dessertschalen verteilen und mit dem Saft, der sich in der Schüssel gesammelt hat, übergießen.

Zubereitungsdauer: 30 Minuten.

Hinweis
Dies ist die einfachste und zugleich beste Art, das fruchtige Aroma der Erdbeeren zu betonen. Ein exzellentes und ganz leichtes Dessert, das nach Belieben mit einem Vanilleeis (siehe Seite 192) oder einem frisch zubereiteten Sorbet gereicht werden kann.

Flambierte Weinbergpfirsiche

PÊCHES DE VIGNE DE GASCOGNE CARAMÉLISÉES ET FLAMBÉES

Zutaten für 4 Personen

8 reife weißfleischige Pfirsiche
1 l Wasser
350 g feiner Kristallzucker
25 cl Sauternes
oder ein anderer süßer Weißwein
1 Vanilleschote
½ Gewürznelke
1 EL Johannisbeergelee
3 cl Kirschwasser

Zubereiten

☆ Die Pfirsiche 15 Sekunden in kochendem Wasser blanchieren, herausheben, kalt abschrecken und die Haut abziehen.

☆ Einen Sirup zum Pochieren der Pfirsiche zubereiten. Dafür 1 Liter Wasser mit 200 g Zucker, ½ Gewürznelke, 25 cl süßem Weißwein und der in zwei Hälften gespaltenen Vanilleschote aufkochen.

☆ Die geschälten, aber nicht entsteinten Pfirsiche einlegen und über gelinder Hitze 5–6 Minuten pochieren.

☆ Die pochierten Pfirsiche aus dem Sirup heben und abtropfen lassen. Vom Sirup etwa 2½ dl abnehmen und bereithalten.

☆ Die abgetropften Pfirsiche auf eine Gratinierplatte legen. Ihre Oberseite mit einem Küchentuch oder mit Küchenpapier trockentupfen und mit etwa 1 Teelöffel feinem Kristallzucker bestreuen.

☆ Unter den auf höchster Stufe vorgeheizten Grill geben oder mit einem professionellen Flämmstab (der, einem Lötkolben ähnlich, vom Konditor zum Karamelisieren und Abflämmen von Baisermassen verwendet wird) mehrmals überstreichen, bis sich auf den Pfirsichen eine schöne Karamelhaube bildet.

☆ Die karamelisierten Pfirsiche anschließend in eine Kupferpfanne umsetzen und über mittlerer Flamme heiß werden lassen.

☆ Den bereitgehaltenen Sirup wieder erhitzen und darin den Johannisbeergelee unter Rühren auflösen. Den Sirup in ein dekoratives Pfännchen oder in einen Krug gießen.

Anrichten

☆ Die heißen Pfirsiche in der Kupferpfanne auftragen. Am Tisch mit Kirschwasser umgießen, flambieren und mit dem Sirup ablöschen.
Pro Person 2 Pfirsiche auf vorgewärmten Tellern reichen und mit je 2 Eßlöffel Sirup umgießen.

Zubereitungsdauer: 45 Minuten.

Hinweis

*Ein leichtes Dessert, das sich als effektvoller Abschluß einer festlichen Mahlzeit eignet. Pierre Wynants verwendet dafür die hocharomatischen weißfleischigen Weinbergpfirsiche aus der Gascogne.
Den übriggebliebenen Pochierfond kann man, nach Entfernung der Gewürznelke, zum Pochieren von anderen Früchten weiterverwenden.*

Heiße Tamarillos mit Vanilleeis

TAMARILLOS, VANILLÉS EN CHAUD ET FROID

Zutaten für 4 Personen
8 reife Tamarillos
5 g Butter
80 g feiner Kristallzucker
15 cl Himbeersauce (siehe Seite 199)
4 Kugeln Vanilleeis (siehe Seite 192)
4 frische Pfefferminzblättchen

Zubereiten

☆ Mit einem kleinen scharfen Messer die Tamarillos schälen und der Länge nach halbieren.

☆ Eine Gratinierplatte mit der weichen Butter ausstreichen. Die halbierten Tamarillos darauf legen und mit dem Kristallzucker bestreuen.

☆ Danach die Tamarillos für 6–8 Minuten in den 200°C heißen Ofen schieben.

☆ Anschließend herausnehmen und die Himbeersauce zugießen. Zurück in den Ofen geben, bis die Himbeersauce sehr heiß geworden ist.

Anrichten

☆ Vier vorgewärmte tiefe Teller mit der Himbeersauce ausgießen und darauf je 4 heiße Tamarillo-Hälften plazieren. Darüber jeweils 1 große Kugel Vanilleeis setzen und diese mit einem Pfefferminzblatt garnieren. Sofort auftragen.

Zubereitungsdauer: 20 Minuten.

Hinweis

Auf die gleiche Art kann man frische Feigen oder schöne weißfleischige Pfirsiche zubereiten.
Baumtomaten stammen ursprünglich aus den Anden, werden jetzt aber vor allem aus Kenia, Brasilien und Neuseeland importiert. Wie die Tomaten gehören sie zu den Nachtschattengewächsen, und wie diese haben sie einen Außenrand mit festem Fruchtfleisch, der eine gallertige Mitte mit kleinen dunklen Samenkörnern umschließt. Ihre dünne, herb schmeckende Schale wird nicht gegessen.

Salat von Orangen nach orientalischer Art

ORANGES EN SALADE À L'ORIENTALE

Zutaten für 4 Personen
6 große Orangen
4 Kugeln Limettensorbet
(siehe Seite 194)
4 frische Pfefferminzblättchen

Für den Sirup
¼ Blatt Gelatine
1½ dl Wasser
50 g Zucker
½ Gewürznelke
je 2 TL Grand Marnier, Kirschwasser,
Cassis-Likör, Cherry Heering
2 EL Orangensaft
2 EL Sahne

Als Garnitur
1 Backpflaume
1 getrocknete Feige
2 Datteln
2 getrocknete Aprikosen
1 Paranuß
¼ kandierte Ingwerknolle
10 g Sultaninen

Zubereiten

☆ Für den Sirup 1½ dl Wasser mit dem Zucker und der ½ Gewürznelke aufkochen. Vom Feuer nehmen und je 2 Teelöffel Grand Marnier, Kirschwasser, Cassis-Likör und Cherry Heering einrühren.

☆ Die zuvor eingeweichte und gut ausgedrückte Gelatine in dem heißen Sirup auflösen. Den gelatinierten Sirup durch ein feines Sieb gießen und abkühlen lassen.

☆ Für die Garnitur die entsteinte Backpflaume, die Feige, die Datteln und die Aprikosen in 5 mm kleine Würfel, den kandierten Ingwer sehr fein schneiden und die Paranuß hacken.

☆ Die zerkleinerten Früchte zusammen mit den Sultaninen in ein Schälchen geben und mit etwa 4 Eßlöffel Sirup befeuchten.

☆ Danach die Orangen so schälen, daß keine bittere weiße Innenhaut mehr am Fruchtfleisch haftet.

☆ Anschließend die Segmente zwischen den Trennhäuten mit einem scharfen kleinen Messer auslösen. Dabei über einem Teller arbeiten, um den Saft aufzufangen. Die ausgelösten Filets kühl stellen.

☆ 2 Eßlöffel von dem aufgefangenen Orangensaft sowie 2 Eßlöffel Sahne mit dem Sirup verrühren.

☆ Die Orangenfilets mit dieser Sauce vorsichtig mischen.

Anrichten

☆ Die Orangenfilets auf 4 Tellern ringförmig anrichten und jeweils in die Mitte die mazerierten Trockenfrüchte verteilen. Darauf eine Kugel Limettensorbet plazieren und diese mit einem Pfefferminzblatt garnieren.

Zubereitungsdauer: 45 Minuten.

Hinweis
Es empfiehlt sich, dieses Sorbet auf vorgekühlten Tellern zu servieren.

Heiße Tamarillos mit Vanilleeis
Rezept Seite 175

Warme Apfeltarteletten auf Pfirsichsauce mit Apfelsorbet
Rezept Seite 178

Warme Birnenscheiben mit Mandarinensauce und Blätterteig-Rauten

ÉMINCÉ DE POIRE CHAUDE, SAUCE MANDARINE ET FEUILLANTINES

Zutaten für 4 Personen
3 aromatische Birnen
25 g feiner Kristallzucker
Saft von 1 Zitrone
3 cl Wasser
Mandarinensauce (siehe Seite 198)
8 kleine Pfefferminzblättchen
als Garnitur

Für die Blätterteig-Rauten
100 g Blätterteig (siehe Seite 206)
1 Ei
10 g feiner Kristallzucker
Mehl zum Bestäuben der
Arbeitsfläche

Zubereiten

☆ Den Blätterteig auf einer leicht bemehlten Arbeitsfläche 3 mm dünn ausrollen und mit einem scharfen Messer in kleine Rauten von etwa 1½ cm Seitenlänge schneiden.

☆ Die Oberfläche der Blätterteig-Rauten mit ein wenig verquirltem Ei bestreichen und mit etwas feinem Zucker bestreuen. Darauf achten, daß die seitlichen Schnittflächen der Rauten nicht mit Ei bestrichen werden. Sonst gehen sie beim Backen nicht blättrig auf.

☆ Die Rauten auf ein mit Wasser benetztes Blech setzen und im 200°C heißen Ofen etwa 5–6 Minuten backen. Ihre Oberfläche soll leicht karamelisieren.

☆ Unterdessen die Birnen schälen, vierteln und das Kerngehäuse entfernen. Die Birnenviertel in je 3 Längsscheiben schneiden.

☆ Diese Birnenscheiben in einer Schicht in einen weiten flachen Topf geben und mit dem Zitronensaft beträufeln oder bepinseln. Mit 25 g Zucker bestreuen, 3 cl Wasser angießen und zudecken.

☆ Auf lebhafter Flamme zum Kochen bringen, die Hitze reduzieren und höchstens 4 Minuten langsam kochen lassen, dabei eventuell die Birnenscheiben nach 2 Minuten wenden.

Anrichten

☆ Die warmen Birnenscheiben in 4 tiefe Teller geben, mit warmer Mandarinensauce übergießen und mit einigen Blätterteig-Rauten belegen. Mit je 2 Pfefferminzblättchen garnieren und sofort auftragen.

Zubereitungsdauer: 35 Minuten.

Warme Apfeltarteletten auf Pfirsichsauce mit Apfelsorbet

PETITE TARTELETTE AUX POMMES, SON SORBET ET SA SAUCE AUX PÊCHES

Zutaten für 4 Personen
150 g Blätterteig (siehe Seite 206)
1 EL Mehl
2 aromatische Äpfel (Renetten)
40 g Butter
60 g feiner Kristallzucker
Pfirsichsauce (siehe Seite 202)
4 Kugeln Apfelsorbet (siehe Seite 195)
4 Walderdbeeren oder Himbeeren

Zubereiten

☆ Die Arbeitsfläche mit etwas Mehl bestäuben und den Blätterteig zu einem Quadrat von 30 cm Seitenlänge ausrollen. Daraus 4 kreisrunde Teigplatten von 14 cm Durchmesser ausstechen und diese mit einer Gabel in regelmäßigen Abständen stupfen, damit sich der Teig beim Backen nicht wölbt.

☆ Aus Backtrennpapier 4 Kreise von 16 cm Durchmesser ausschneiden, darauf die Teigplatten geben und übereinandergelegt kurze Zeit in den Kühlschrank stellen.

☆ Unterdessen mit einem Apfelentkerner die Kerngehäuse der Äpfel ausstechen. Erst danach die Äpfel schälen, halbieren und in kleine Scheiben schneiden.

☆ Die gekühlten Blätterteigplatten mit den Apfelscheiben kranzförmig belegen.

☆ Die Butter schmelzen. Die Apfelscheiben damit bestreichen und mit Zucker bestreuen.

☆ Die Apfeltarteletten mit dem Backtrennpapier auf ein Backblech setzen.

☆ Im 195°C heißen Ofen 13 Minuten backen.

☆ Inzwischen die Pfirsichsauce erhitzen.

Anrichten

☆ Die Apfeltarteletten mit einem Palettenmesser vom Backtrennpapier heben und auf 4 vorgewärmte Teller legen. Mit der heißen Pfirsichsauce umgießen. Auf jede Tartelette 1 Kugel Apfelsorbet setzen und diese mit je 1 Walderdbeere oder Himbeere garnieren. Sofort auftragen und die restliche Sauce getrennt dazu reichen.

Zubereitungsdauer: 35 Minuten.

Hinweis

Dieses Dessert wurde für ein Diner bereitet, das anläßlich einer besonderen Weinprobe im »Comme chez Soi« stattfand. Es wurden ausschließlich Weine des Château d'Yquem verkostet – 67 verschiedene Jahrgänge zwischen 1867 und 1980 – in Anwesenheit des Grafen von Lur-Saluces, dessen Familie das Château seit 200 Jahren besitzt.

Bananen-Bavaroise mit Rum

BAVAROIS À LA BANANE ET AU RHUM

Zutaten für 8 Personen

2 reife Bananen
2 dl Milch
2 Eigelb
100 g feiner Kristallzucker
2 Blatt Gelatine
Saft von 1 Zitrone
3 dl Sahne
1 TL alter Rum
Sauce Safari (siehe Seite 204)

Zubereiten

☆ Die Milch aufkochen, vom Feuer nehmen und warm halten.

☆ Die beiden Eigelb mit 100 g Zucker cremig schlagen.

☆ Die heiße Milch nach und nach in diese Mischung einarbeiten.

☆ Über gelinder Hitze die Masse so lange mit einem Holzlöffel weiterrühren, bis sie bindet und den Löffelrücken überzieht.

☆ Die eingeweichte und ausgedrückte Blattgelatine in der heißen Masse auflösen.

☆ Die Bananen schälen. Etwa 300 g Fruchtfleisch würfeln und sofort in Zitronensaft wenden, damit es sich nicht verfärbt.

☆ Die gelatinierte Creme mit den Bananenstücken im Mixer etwa 2 Minuten durchmischen.

☆ Anschließend die Masse durch ein feines Sieb streichen und unter häufigerem Rühren abkühlen lassen.

☆ Danach die Sahne steif schlagen und unter die Masse ziehen.

☆ Die Creme in eine Schale füllen und zugedeckt für mindestens 2 Stunden in den Kühlschrank stellen.

Anrichten

☆ Die Bananen-Bavaroise in der Schale auftragen. Getrennt dazu eine Sauce Safari reichen, die mit 1 Eßlöffel altem Rum aromatisiert wurde.

Zubereitungsdauer: 30 Minuten zuzüglich 2 Stunden Lagerung im Kühlschrank.

Passionsfruchtkuchen

EUGÉNIE DES TROPIQUES

Zutaten für 8 Personen
4 dl Passionsfruchtsaft
(aus etwa 2 kg Früchten)
1½ dl Wasser
150 g feiner Kristallzucker
1 reife Banane
4½ Blatt Gelatine
¼ l Sahne
120 g Biskuit (siehe Seite 207)
3 cl Noix de Coco-Likör
Sauce Colibri (siehe Seite 203)

Erdnußöl zum Ausstreichen der Form
Puderzucker zum Ausstäuben
der Form
Walderdbeeren, Himbeeren oder
Johannisbeeren, Kiwis und
Pfefferminz- oder Zitronenmelisse-
blättchen als Garnitur

Zubereiten

☆ Den Zucker in 1½ dl Wasser auflösen, zum Kochen bringen und die in Scheiben geschnittene Banane zufügen.

☆ Den Sirup vom Feuer nehmen und darin die zuvor eingeweichte Blattgelatine auflösen.

☆ Diese Mischung im Mixer durcharbeiten. Anschließend durch ein feines Sieb streichen, den Saft der Passionsfrüchte einrühren und die Masse abkühlen lassen.

☆ Danach die Sahne steif schlagen und unter die abgekühlte Masse ziehen.

☆ Den Biskuit würfeln und mit dem Kokos-Likör tränken.

☆ Eine Kastenform von 25 cm Länge, 8 cm Breite und 6 cm Höhe dünn mit Öl auspinseln und mit Puderzucker ausstäuben.

☆ Abwechselnd Lagen von Biskuitwürfeln und Passionsfruchtcreme einfüllen.

☆ Die Oberfläche glattstreichen und die Form mit Frischhaltefolie abdecken.

☆ Einen Tag im Kühlschrank durchziehen lassen.

Anrichten

☆ Den Passionsfruchtkuchen in 1½ cm dicke Scheiben aufschneiden. Die Scheiben auf flache Teller legen, mit der Sauce Colibri umgießen und mit verschiedenfarbigen kleinen Früchten sowie mit Pfefferminz- oder Zitronenmelisse-Blättchen garnieren.

Zubereitungsdauer: 45 Minuten zuzüglich 1 Tag Lagerung im Kühlschrank.

Mousse au chocolat

Zutaten für 4 Personen
1 dl Wasser
15 g frisch gemahlener Kaffee
400 g Kuvertüre
4 dl Sahne
4 Eiweiß
35 g Puderzucker

Zubereiten

☆ In einem Topf 1 dl Wasser zum Kochen bringen, 15 g frisch gemahlenen Kaffee einstreuen und 10 Minuten ziehen lassen. Anschließend den Kaffee abfiltern.

☆ Den Kaffee in eine mittelgroße Kasserolle gießen und die in Stücke gebrochene Kuvertüre zufügen. Über gelinder Hitze schmelzen lassen, dabei häufiger umrühren und vom Feuer nehmen.

☆ Die Sahne nur cremig schlagen und noch halb flüssig mit der abgekühlten Schokoladenmasse verrühren.

☆ In einer Schüssel die 4 Eiweiß zu Schnee schlagen. Erst wenn das Eiweiß halb steif ist, den Puderzucker einrieseln lassen, dabei weiterschlagen.

☆ Den steifen Eischnee mit einem Holzlöffel unter die Schokoladenmasse ziehen.

☆ Die Mousse au chocolat in eine Schüssel oder in kleine Portionsförmchen füllen und mit Frischhaltefolie abgedeckt für mindestens 3 Stunden in den Kühlschrank stellen. (Die Mousse ist noch besser, wenn sie bereits am Vortag zubereitet wurde.)

Zubereitungsdauer: 30 Minuten zuzüglich mindestens 3 Stunden Lagerung im Kühlschrank.

Feiner Schokoladenkuchen »Laurence et Véronique«

GÂTEAU AUX CHOCOLATS »LAURENCE ET VÉRONIQUE«

Zutaten für 8 Personen

Für die Mandelbaisermasse
60 g Mandeln
35 g Haselnüsse
75 g Zucker
10 g Mehl
2 Eiweiß

Für die weiße Schokoladencreme
75 g weiße Schokolade
5 EL Milch
1 Vanilleschote
1 Eigelb
25 g Zucker
1 Blatt Gelatine
1 dl Sahne

Für die braune Schokoladencreme
150 g bittere Schokolade
⅛ l starker Kaffee
25 g Zucker
65 g Butter
3½ Blatt Gelatine
1 dl Sahne

Erdnußöl zum Fetten der Form
Puderzucker zum Ausstäuben
der Form
50 g dunkle Schokoladenraspeln
als Garnitur

Zubereiten

☆ Zuerst die Mandelbaiser-Masse zubereiten. Dazu die geschälten Mandeln und Haselnußkerne im Mixer zerkleinern und mit 75 g Zukker und 10 g Mehl gründlich vermischen.

☆ Die 2 Eiweiß zu steifem Schnee schlagen und unter die Mehlmischung ziehen.

☆ Ein Blech von 25 × 16 × 2 cm ausbuttern oder mit Backtrennpapier auslegen.

☆ Die Baisermischung mit einem Palettenmesser aufstreichen und im 200°C heißen Ofen 10 Minuten backen.

☆ Abkühlen lassen und anschließend daraus 2 Rechtecke von 25 cm Länge und 8 cm Breite schneiden.

☆ Für die weiße Schokoladenmasse die Milch mit der längs gespaltenen Vanilleschote über gelinder Hitze erwärmen. Das Vanillemark herauskratzen und in die Milch geben. Die Schote wird nicht benötigt.

☆ Anschließend die zerkleinerte weiße Schokolade zufügen und über gelinder Hitze und häufigerem Rühren schmelzen lassen.

☆ In einer mittelgroßen Kasserolle das Eigelb mit dem Zucker cremig rühren.

☆ Danach die Schokoladenmischung mit dem Rührbesen unter die Eigelbmasse ziehen.

☆ Über gelinder Hitze weiterrühren, bis die Masse bindet, und darin ein Blatt zuvor eingeweichte Gelatine auflösen.

☆ Die gelatinierte Masse durch ein feines Sieb streichen, damit sie völlig glatt wird. Unter häufigerem Rühren abkühlen lassen.

☆ 1 dl Sahne ohne Zucker steif schlagen und unter die abgekühlte Schokoladenmasse ziehen. Im Kühlschrank fest werden lassen.

☆ Für die dunkle Schokoladencreme 150 g Schokolade in ⅛ Liter starkem Kaffee, der mit 25 g Zucker gesüßt wurde, über gelinder Hitze schmelzen lassen.

☆ Danach 65 g Butter einrühren und die zuvor eingeweichte Gelatine in der Masse auflösen.

☆ Durch ein feines Sieb streichen und unter häufigerem Umrühren abkühlen lassen.

☆ Die Sahne ohne Zucker steif schlagen und unter die kalte Schokoladenmischung ziehen.

☆ Für den Aufbau des Schokoladenkuchens eine Kastenform von 25 cm Länge, 8 cm Breite und 6 cm Höhe dünn mit Öl auspinseln und mit Puderzucker ausstäuben.

☆ Zuerst die Hälfte der dunklen Schokoladencreme einfüllen, glattstreichen und mit einer Baiserplatte abdecken. Darüber vorsichtig die weiße Schokoladencreme streichen und mit der zweiten Baiserplatte abdecken. Zum Schluß die restliche dunkle Schokoladencreme darübergeben und glattstreichen.

☆ Mit Frischhaltefolie abdecken und mindestens für 24 Stunden, besser jedoch 48 Stunden in den Kühlschrank stellen.

Anrichten

☆ Den Kuchen in der Form in 2 cm dicke Scheiben schneiden. Diese vorsichtig herausheben, mit Schokoladenraspeln umstreuen und servieren.

Zubereitungsdauer: 1 Stunde 5 Minuten.

Smoutebollen

Zutaten für 4 Personen
7½ cl Milch
25 g Butter
15 g Bäckerhefe
200 g Mehl
1 großes Ei
1 TL Zucker
½ TL Salz
1 dl helles Bier

Fritierfett zum Ausbacken in
der Friteuse
Puderzucker zum Bestäuben

Zubereiten

☆ Die Milch auf kleiner Flamme lauwarm werden und die Butter in einem kleinen Topf schmelzen lassen. Beides vom Feuer nehmen.

☆ Die lauwarme Milch in eine Schüssel gießen, die Hefe hineinbröckeln und darin auflösen.

☆ Anschließend das Mehl darübersieben und mit dem Rührbesen kräftig einarbeiten.

☆ Danach das Ei trennen. Das Eigelb zusammen mit dem Salz, dem Zucker und dem hellen Bier in die Masse einrühren. Anschließend die noch flüssige, aber nicht mehr heiße Butter mit dem Rührbesen einarbeiten.

☆ Zuletzt das Eiweiß zu einem festen Schnee schlagen und mit einem Holzlöffel unter den Teig ziehen.

☆ Den Teig mit einem Küchentuch abdecken und an einem warmen Ort 1½ Stunden ruhen lassen, bis sich sein Volumen verdoppelt hat.

☆ Danach den Teig nochmals vorsichtig mit einem Holzlöffel durchmischen.

☆ Die Friteuse auf 180°C erhitzen. Mit einem Eßlöffel vom Teig wachteleigroße Nocken abstechen und jeweils mehrere davon − je nach Größe der Friteuse − im heißen Fett ausbacken.

☆ Die Krapfen nach 1 Minute mit Hilfe einer Schaumkelle wenden und auch von der anderen Seite 1 Minute backen. Wenn sie eine schöne goldbraune Farbe angenommen haben, werden sie herausgehoben und auf Küchenpapier entfettet.

Anrichten

☆ Auf vorgewärmten Tellern anrichten und mit Puderzucker bestäubt servieren.

Zubereitungsdauer: 15 Minuten und 1 Stunde 30 Minuten für das Aufgehen des Teigs.

Hinweis
Smoutebollen sind eine typisch belgische Leckerei, die sich besonders auf Jahrmärkten großer Beliebtheit erfreut.

Apfelbeignets

BEIGNETS AUX POMMES

Zutaten für 4 Personen
3 Äpfel (Golden Delicious)
Smoutebollen-Teig in der im
vorangegangenen Rezept
angegebenen Menge

Zutaten für 4 Personen
3 Äpfel (Golden Delicious)
Smoutebollen-Teig in der im
vorangegangenen Rezept
angegebenen Menge

Fritierfett zum Ausbacken
in der Friteuse
Puderzucker zum Bestäuben

Zubereiten

☆ Einen Teig wie für Smoutebollen zubereiten (siehe Seite 184) und diesen 1½ Stunden an einem warmen Ort ruhen lassen.

☆ Inzwischen die Äpfel schälen und das Kerngehäuse mit einem Apfelentkerner ausstechen.

☆ Die Äpfel anschließend in etwa 1½ cm dicke Ringe schneiden.

☆ Mit Hilfe einer Gabel die Apfelringe in den Teig tauchen, der zuvor nochmals behutsam mit einem Holzlöffel durchgerührt wurde.

☆ Die Apfelbeignets in die auf 180°C erhitzte Friteuse geben und von jeder Seite etwa 1 Minute backen, bis sie eine schöne goldbraune Farbe angenommen haben.

☆ Die Beignets mit einer Schaumkelle aus der Friteuse heben und auf Küchenpapier entfetten.

Anrichten

☆ Die Apfelbeignets werden warm und mit Puderzucker bestäubt serviert. Nach Belieben kann man eine der hier empfohlenen Fruchtsaucen dazu reichen.

Zubereitungsdauer: 15 Minuten und 1 Stunde 30 Minuten ruhen lassen.

Hinweis

Auf die gleiche Art kann man auch Ananas- oder Birnenringe ausbacken.

Crêpes à l'orange

Zutaten für 4 Personen
¼ l Milch
2 g Bäckerhefe
2 Eier
80 g feiner Kristallzucker
1 Prise Salz
75 g gesiebtes Mehl
100 g Butter zum Ausbacken
der Crêpes
5 cl Curaçao
Orangensauce (siehe Seite 201)

Zubereiten

☆ Die Milch auf kleiner Flamme lauwarm werden lassen. Eine kleine Tasse voll abnehmen und darin die Hefe auflösen.

☆ Die beiden Eier in eine Schüssel aufschlagen und mit dem Rührbesen verrühren. Anschließend 1 Prise Salz, 1 Teelöffel Zucker und das gesiebte Mehl einarbeiten. Danach die aufgelöste Hefe und die restliche Milch nach und nach einrühren. Den dünnflüssigen Teig durch ein feines Sieb gießen, damit er völlig glatt wird.

☆ Den Teig mit einem Küchentuch abdecken und an einem warmen Ort ¾—1 Stunde gehen lassen.

☆ Anschließend den Teig nochmals behutsam durchrühren, jedoch darauf achten, daß er nicht zu sehr zusammenfällt.

☆ In 2 mittelgroße Pfannen je 1 nußgroßes Stück Butter erhitzen und über den ganzen Pfannenboden zerlaufen lassen. Immer nur wenig Teig einfüllen und über mittlerer Hitze dünne Crêpes ausbacken, die nur ganz wenig Farbe annehmen sollen.

☆ Mit einem Palettenmesser die Crêpes aus der Pfanne heben und auf einem Teller übereinanderlegen. Die angegebene Menge ergibt etwa 12 Stück.

☆ Die 8 schönsten Crêpes falten und jeweils 4 in 2 große Pfannen legen, in denen zuvor die restliche Butter über mittlerer Hitze zerlassen wurde.

☆ Die Crêpes mit etwa der Hälfte des übriggebliebenen Zuckers bestreuen und 1—2 Minuten erhitzen. Anschließend wenden und auch die andere Seite mit Zucker bestreuen und karamelisieren lassen.

☆ Die Crêpes nochmals wenden, mit Curaçao übergießen und flambieren.

Anrichten

☆ Je 2 Crêpes nebeneinander auf 4 vorgewärmte Teller legen, mit dem flüssigen Karamel aus der Pfanne sowie mit je 2 Eßlöffel warmer Orangensauce übergießen, in die zuvor der Curaçao eingerührt wurde. Warm servieren.

Zubereitungsdauer: 25 Minuten zuzüglich 45 Minuten ruhen lassen.

Karamelisierte Quarkpfannküchlein

CRÊPES AU FROMAGE BLANC ET À LA CASSONADE

Zutaten für 4 Personen
2 große Eier
25 g feiner Kristallzucker
75 g Mehl
12 cl Milch
2 g Bäckerhefe
200 g Magerquark
1 Prise Salz
200 g dunkler Rohrzucker
60 g Butter zum Ausbacken

Zubereiten

☆ Die Milch auf kleiner Flamme lauwarm werden lassen. Davon etwas in eine Tasse gießen und die Hefe darin auflösen.

☆ Die Eier trennen und das Eiweiß in einer Schüssel bereithalten.

☆ Die beiden Eigelb mit dem Kristallzucker cremig rühren. Das Mehl darübersieben und einarbeiten.

☆ In diese Masse zuerst die aufgelöste Hefe, danach die restliche Milch einrühren.

☆ Zugedeckt an einem warmen Ort etwa 45 Minuten gehen lassen.

☆ Anschließend den Magerquark mit dem Rührbesen einarbeiten und 1 Prise Salz zufügen.

☆ Das bereitgehaltene Eiweiß zu steifem Schnee schlagen und mit einem Holzlöffel behutsam unter die Masse ziehen.

☆ In einer großen Pfanne 1 nußgroßes Stück Butter über mittlerer Flamme erhitzen und jeweils 4–5 Eßlöffel Teig getrennt hineingeben und mit dem Löffelrücken zu flachen Küchlein formen.

☆ Nur leicht anbräunen, danach mit einem Spatel wenden und auch von der anderen Seite Farbe annehmen lassen.

☆ Die heißen Küchlein auf eine vorgewärmte Platte legen und mit dem braunen Zucker bestreuen.

Anrichten

☆ Die Quarkpfannküchlein werden warm serviert.

Zubereitungsdauer: 25 Minuten und 45 Minuten ruhen lassen.

Tarte au sucre

**Zutaten für 1 Torte
von 26 cm Durchmesser**
*300 g Blätterteig (siehe Seite 206)
oder Mürbeteig (siehe Seite 205)
100 g feiner Kristallzucker
100 g dunkler Rohrzucker
35 g gemahlene Mandeln
2 große Eier
1 dl Sahne
75 g Butter
etwas Mehl zum Bestäuben der
Arbeitsfläche*

Zubereiten

☆ Die Arbeitsfläche dünn mit Mehl bestäuben und darauf den Teig zu einer kreisrunden Platte von 30 cm Durchmesser ausrollen.

☆ Damit eine Obstkuchenform von 26 cm Durchmesser auslegen. Dabei den Teig an den Wänden hochziehen und, sollte er überstehen, glatt am Rand abschneiden. Mit einer Gabel den Boden in regelmäßigen Abständen stupfen.

☆ In einer Schüssel den feinen Kristallzucker mit dem dunklen Rohrzucker und den geriebenen Mandeln vermischen.

☆ Diese Mischung in einer gleichmäßigen Schicht auf den Teig streuen.

☆ Die beiden Eier in eine Schüssel geben und mit dem Schneebesen glattrühren. Danach die Sahne zugießen und gut mit den Eiern verquirlen.

☆ Das Eier-Sahne-Gemisch vorsichtig über die Zuckerschicht gießen und über die ganze Tortenoberfläche verstreichen.

☆ Anschließend die Tortenoberfläche mit Butterflocken belegen.

☆ Im 175°C heißen Ofen 30 Minuten backen.

☆ Danach herausnehmen, vorsichtig aus der Form lösen und auf einem Kuchengitter abkühlen lassen.

Anrichten

☆ Die Tarte au sucre schmeckt lauwarm serviert am besten.

Zubereitungsdauer: 15 Minuten und 30 Minuten Backzeit.

Hinweis

Diese belgische Spezialität kann sowohl zum Nachtisch wie auch zum Tee oder Nachmittagskaffee gereicht werden.

Brügger Buttergebäck

BRUGSE BOTERKLETSKOPPEN

Zutaten für etwa 600 g
200 g Butter
250 g dunkler Rohrzucker
1 EL Wasser
25 g abgezogene Mandeln
25 g Haselnußkerne
125 g gesiebtes Mehl

Zubereiten

☆ Die Butter in einer Schüssel an einen warmen Platz stellen, bis sie sehr weich geworden ist und fast zerfließt.

☆ Unterdessen die abgezogenen Mandeln in einer Pfanne ohne Fett über mittlerer Hitze leicht rösten.

☆ Zusammen mit den Haselnußkernen sehr fein hacken oder durch die Mandelmühle drehen.

☆ Danach mit dem Rührbesen in die weiche Butter 1 Eßlöffel Wasser und den braunen Rohrzucker einrühren.

☆ Die Masse in die Küchenmaschine füllen und bei mittlerer Geschwindigkeit 3 Minuten durcharbeiten.

☆ Anschließend das gesiebte Mehl zugeben und weitere 3 Minuten einarbeiten. (Falls der Teig von Hand gerührt wird, muß er jedesmal statt 3 mindestens 5 Minuten durchgearbeitet werden.)

☆ Zum Schluß die fein zerkleinerten Mandeln und Haselnüsse in den Teig geben.

☆ Den Teig in mehrere Teile teilen und daraus Rollen von 1½ cm Dicke formen. Die Teigrollen auf eine Platte geben, mit Frischhaltefolie abdecken und über Nacht im Kühlschrank ruhen lassen. Am nächsten Tag die Teigrollen in 3 mm dünne Scheiben schneiden und diese auf mit Butter gefettete Bleche legen. Dabei mindestens 4 cm Zwischenraum zwischen den einzelnen Scheiben lassen. Anschließend die Scheiben mit den Fingern so flach wie möglich drücken.

☆ In den 175°C heißen Ofen geben und 4 Minuten backen.

☆ Herausnehmen, einige Minuten warten, dann vorsichtig und schnell die Boterkletskoppen mit einem Palettenmesser vom Blech nehmen und auf einem Kuchengitter abkühlen lassen. Wenn sie abgekühlt sind, kann man sie nicht mehr vom Blech nehmen, ohne daß sie zerbröckeln.

Zubereitungsdauer: 1 Stunde zuzüglich 12 Stunden Lagerung im Kühlschrank.

Hinweis

Dieses zarte Buttergebäck ist eine Spezialität aus Brügge.
Sein amüsanter Name bedeutet »Glatzköpfe«.

Genter Butterkekse

PETITS BEURRES GANTOIS

Zutaten für etwa 750 g

200 g Butter
200 g dunkler Rohrzucker
10 g Vanillezucker
1 TL Natron
1 TL kaltes Wasser
250 g Mehl

Zubereiten

☆ Die weiche Butter in eine Schüssel geben und mit dem Rührbesen 150 g Rohrzucker, 10 g Vanillezucker, 1 Teelöffel Wasser und 1 Teelöffel Natron einrühren.

☆ Wenn die Masse cremig gerührt ist, das Mehl darübersieben und mit einem Holzlöffel einarbeiten.

☆ Den Teig in 3 oder 4 Teile teilen und daraus Rollen von 2 cm Durchmesser formen.

☆ Die Teigrollen auf ein Brett geben, mit Frischhaltefolie abdecken und über Nacht in den Kühlschrank geben.

☆ Am nächsten Tag von den Teigrollen 3–4 mm dicke Scheiben abschneiden und mit dem restlichen Rohrzucker bestreuen. Im Abstand von 5 cm auf mit Butter gefettete Bleche setzen.

☆ Im 150°C heißen Ofen 7–8 Minuten backen.

☆ Die gebackenen Kekse mit einem Palettenmesser vom Blech heben und zum Abkühlen auf ein Kuchengitter legen.

Zubereitungsdauer: 30 Minuten und 12 Stunden Lagerung im Kühlschrank.

Hinweis

Frisch gebacken schmecken die Genter Butterkekse am besten. Sie lassen sich jedoch einige Zeit in einer luftdicht schließenden Blechdose aufbewahren.

Spekulatius

SPÉCULOOS MINIATURES

Zutaten für etwa 750 g

200 g Butter
250 g dunkler Rohrzucker
1 großes Ei
300 g Mehl
5 g Natron
5 g Salz

Mehl zum Bestäuben der
Arbeitsfläche
Butter zum Fetten der Bleche

Zubereiten

☆ Die Butter bei Zimmertemperatur weich werden lassen, in eine Schüssel geben und mit dem Rührbesen den Rohrzucker und das Ei einrühren.

☆ Das Mehl in eine zweite Schüssel sieben und mit dem Natron sowie dem Salz vermischen.

☆ Anschließend die Mehlmischung mit einem Holzlöffel in die Buttermischung einarbeiten.

☆ Die Masse mit Frischhaltefolie abdecken und 12 Stunden im Kühlschrank ruhen lassen.

☆ Danach aus dem Kühlschrank nehmen und in 3 Teile teilen.

☆ Jeweils ein Drittel des Teigs auf einer bemehlten Arbeitsfläche 2–3 mm dünn ausrollen und in kleine Quadrate von 1½ cm Seitenlänge schneiden.

☆ Nicht zu dicht auf mit Butter gefettete Bleche legen. Die angegebene Menge ergibt etwa 3 Bleche.

☆ Im 140°C heißen Ofen 20 Minuten backen.

☆ Anschließend die Spekulatius mit einem Palettenmesser vom Blech heben und auf einem Kuchengitter abkühlen lassen.

Zubereitungsdauer: 1 Stunde zuzüglich 12 Stunden Lagerung im Kühlschrank.

Hinweis

Die Kekse schmecken frisch am besten, doch können sie in einer luftdicht verschlossenen Blechdose einige Zeit aufbewahrt werden. Sie sind zarter als gewöhnliche Spekulatius. Man kann sie sowohl zum Mokka nach dem Essen wie auch zum Nachmittagstee reichen.

Vanilleeis

GLACE À LA VANILLE

Zutaten für 8 Personen
½ l Milch
1 Vanilleschote
5 Eigelb
140 g feiner Kristallzucker
¼ l Sahne

Zubereiten

☆ Die Milch in einen mittelgroßen Topf gießen. Die Vanilleschote längs spalten. Das Mark mit einem spitzen Messer ausschaben und zusammen mit den Schotenhälften in die Milch geben. Kurz aufkochen.

☆ Inzwischen die Eigelb mit dem Zucker cremig rühren.

☆ Anschließend die heiße Vanillemilch langsam in die Eigelbmischung einrühren.

☆ Die Masse über gelinder Hitze − oder im Wasserbad − so lange weiterrühren, bis sie bindet und den Rücken eines Holzlöffels überzieht. Sie darf jedoch keinesfalls kochen, da sie sonst ausflockt.

☆ Anschließend die Creme durch ein feines Sieb streichen und die Sahne einrühren.

☆ Die Masse schnell unter häufigerem Rühren über Eis abkühlen. Dazu wird die Masse am besten in eine Edelstahlschüssel mit abgerundetem Boden geschüttet und in eine größere Schüssel gesetzt, die mit Eiswürfeln und etwas Wasser halbvoll gefüllt ist. Das Abkühlen muß schnell vor sich gehen, damit sich in der Masse keine Bakterien bilden.

☆ Die abgekühlte Creme in der Sobetière nicht zu hart gefrieren lassen und am besten bald nach der Zubereitung servieren.

Anrichten

☆ Mit einem in heißes Wasser getauchten Löffel Nocken oder mit einem Eisportionierer Kugeln abstechen und auf vorgekühlte Teller legen. Ein kleiner Obstsalat, aber auch eine Himbeersauce (siehe Seite 199) oder eine Moccasauce (siehe Seite 196) können dazu gereicht werden.

Zubereitungsdauer: 30 Minuten zuzüglich 15−25 Minuten Gefrierzeit. Die Gefrierzeit hängt von der Art der Sorbetière ab.

Feiner Schokoladenkuchen »Laurence et Véronique«
Rezept Seite 182

Tarte au sucre
Rezept Seite 188

Pfefferminzeis

GLACE À LA MENTHE FRAÎCHE

Zutaten für 8 Personen
Vanilleeis in der im
vorangegangenen Rezept
angegebenen Menge
16 frische Pfefferminzblätter

Zubereiten

☆ Ein Vanilleeis nach dem vorangegangenen Rezept zubereiten.

☆ Während die Masse in der Sorbetière gefriert, die frischen Minzblättchen waschen, trockentupfen und sehr fein schneiden.

☆ Unmittelbar bevor das Eis fertig gefroren ist, die fein zerschnittenen Pfefferminzblättchen zur Eismasse in die Sorbetière geben und nur noch eine ½ Minute darin durcharbeiten.

Zubereitungsdauer: 30 Minuten zuzüglich 15–25 Minuten Gefrierzeit. Die Gefrierzeit hängt von der Art der Sorbetière ab.

Hinweis

Dieses Pfefferminzeis zeichnet sich durch einen besonders erfrischenden, natürlichen Geschmack aus.

Limettensorbet

SORBET AUX CITRONS VERTS

Zutaten für 8 Personen
500 g Limetten
1 großer vollreifer Pfirsich
4 dl Wasser
250 g feiner Kristallzucker
1 reife Banane
einige Pfefferminz- oder
Zitronenmelisseblätter
Johannisbeersauce (siehe Seite 200)

Zubereiten

☆ Die Limetten heiß abwaschen und trockenreiben.

☆ Den vollreifen Pfirsich brühen, kalt abschrecken und abziehen. Danach halbieren und den Kern auslösen. Das Fruchtfleisch vierteln und in einen kleinen Topf geben. Den Zucker und das Wasser zufügen. Zum Kochen bringen und unter Rühren einige Minuten weiterkochen. Vom Feuer nehmen und abkühlen lassen.

☆ Inzwischen mit einem Sparschäler die Schale von etwa der Hälfte der Limetten hauchdünn abschneiden. Die Zesten in feine Streifen, danach in ganz kleine Würfel schneiden und bereithalten.

☆ Die Limetten halbieren und ihren Saft auspressen.

☆ Den Limettensaft zusammen mit dem Pfirsich und dessen Sirup sowie der geschälten und in Stücke geschnittenen Banane in den Mixer geben. Reichlich 2 Minuten durchmischen, danach durch ein feines Sieb streichen.

☆ Die fein zerschnittenen Limettenschalen in das Püree einrühren.

☆ Die Masse in die Sorbetière einfüllen und nicht zu hart gefrieren lassen.

☆ Die Teller, auf denen das Sorbet serviert werden soll, im Tiefgefrierschrank vorkühlen, damit das zarte Eis bei Tisch nicht zu schnell schmilzt.

Anrichten

☆ Vom Sorbet mit einem Eßlöffel Nocken abstechen und auf die vorgekühlten Teller legen. Mit Johannisbeersauce (siehe Seite 200) umgießen und mit einem kleinen Minze- oder Zitronenmelisseblatt garnieren.

Zubereitungsdauer: 30 Minuten zuzüglich Gefrierzeit in der Sorbetière.

Hinweis

Sorbets sollten erst kurz vor dem Anrichten fertiggestellt werden, da sie dann viel aromatischer und geschmeidiger sind.

Apfelsorbet

SORBET AUX POMMES

Zutaten für 4 Personen
4 große Äpfel (Granny Smith)
125 g feiner Kristallzucker
75 cl Wasser
Saft von 2 großen Zitronen
1 dl Sahne

Zubereiten

☆ Den Zucker mit dem Wasser verrühren und kurz aufkochen. Vom Feuer nehmen und abkühlen lassen.

☆ Die Äpfel waschen und trockenreiben. Sie werden nicht geschält, sondern geviertelt und vom Kerngehäuse befreit.

☆ Die Apfelviertel zusammen mit dem Zuckersirup sowie dem Zitronensaft in den Mixer geben und 1 Minute durchmischen. Danach durch ein feines Sieb streichen, um ein vollkommen glattes Püree zu bekommen.

☆ Das Püree mit der Sahne vermischen und in die Sorbetière füllen.

Zubereitungsdauer: 20 Minuten zuzüglich Gefrierzeit in der Sorbetière.

Hinweis

Das Apfelsorbet sollte stets frisch aus der Sorbetière angerichtet und serviert werden.

Mokkasauce

SAUCE AU CAFÉ

Zutaten für 8 Personen
25 g Mokkabohnen
25 cl Milch
1 Eigelb
50 g feiner Kristallzucker
1 EL irischer Whiskey

Zubereiten

☆ Die möglichst frisch gerösteten Mokkabohnen im Mörser grob zerstoßen.

☆ Die Milch in einem kleinen Topf aufsetzen und die zerstoßenen Mokkabohnen zufügen. Langsam bis kurz unterhalb des Siedepunktes erhitzen und 5 Minuten ziehen lassen.

☆ Inzwischen das Eigelb mit dem Zucker verrühren und mit dem Schneebesen cremig schlagen.

☆ Nach und nach die heiße Mokkamilch mit dem Schneebesen in die Masse einarbeiten. Diese in einen Topf umschütten und über gelinder Hitze – besonders umsichtige Köche setzen sie in ein heißes Wasserbad – mit einem Holzlöffel weiter durchrühren, bis die Sauce bindet und den Rücken des Löffels überzieht.

☆ Die Sauce durch ein feines Sieb gießen und danach den irischen Whiskey einrühren. Die Sauce abkühlen lassen und bis zum Gebrauch kühl stellen.

Zubereitungsdauer: 15 Minuten.

Hinweis
Diese Sauce schmeckt vorzüglich zu Vanille- oder Schokoladeneis, aber auch zu einem Sandkuchen.

Schokoladensauce

SAUCE AU CHOCOLAT

Zutaten für 8 Personen
15 g frisch gemahlener Kaffee
3 dl Wasser
100 g Kuvertüre
10 g Butter
10 g Kakao
15 g feiner Kristallzucker

Zubereiten

☆ In einem kleinen Topf 3 dl Wasser zum Kochen bringen. Den frisch gemahlenen Kaffee in das kochende Wasser einrühren. Vom Feuer nehmen und 10 Minuten ziehen lassen. Anschließend den Kaffee durch einen Filter abgießen.

☆ Inzwischen in einer mittelgroßen Kasserolle die Kuvertüre über gelinder Hitze schmelzen.

☆ Den Kaffee nach und nach unter ständigem Rühren in die geschmolzene Kuvertüre geben.

☆ In einer zweiten Kasserolle die weiche Butter, das Kakaopulver und den Zucker mit einem Schneebesen verrühren.

☆ Anschließend die Kuvertüremischung in die Buttermischung einrühren. Kräftig durcharbeiten, bis eine homogene Masse entsteht.

☆ Unter ständigem Rühren kurz aufkochen, vom Feuer nehmen und durch ein feines Sieb streichen. Danach abkühlen lassen.

☆ Vor dem Servieren gut durcharbeiten.

Zubereitungsdauer: 25 Minuten.

Hinweis
Diese Schokoladensauce kann zu den verschiedensten Eissorten gereicht werden.

Warme Mandarinensauce

SAUCE CHAUDE À LA MANDARINE

Zutaten für 4 Personen
4 große unbehandelte Mandarinen
(etwa 350 g)
45 g Würfelzucker
100 g vollreifes Mangofruchtfleisch
50 g Butter
5 cl Mandarinen-Likör Napoléon

Zubereiten
☆ Die Mandarinen heiß abwaschen und abtrocknen. Anschließend werden die Mandarinenschalen mit dem Würfelzucker abgerieben, bis die Zuckerstücke gelblich sind und das Mandarinenaroma angenommen haben.

☆ Die Mandarinen halbieren und auspressen. Sie sollen etwa 15 cl Saft ergeben.

☆ Den Saft zusammen mit dem gewürfelten Mangofruchtfleisch 2 Minuten lang im Mixer durchmischen. Das Püree anschließend durch ein feines Sieb streichen und in eine kleine Kasserolle geben.

☆ Den Würfelzucker und die Butter zufügen und unter Rühren zum Kochen bringen. Eine Minute kochen lassen.

☆ Anschließend vom Feuer nehmen und den Mandarinen-Likör einrühren.

Zubereitungsdauer: 15 Minuten.

Hinweis
Diese Sauce sollte man hauptsächlich zu warmen Süßspeisen servieren, wie etwa Crèpes, Soufflés oder zum Beispiel gedünstete Birnenscheiben (Rezept Seite 177).

Himbeersauce

SAUCE À LA FRAMBOISE

Zutaten für 4 Personen
500 g vollreife Himbeeren
150 g feiner Kristallzucker
3 EL Wasser

Zubereiten

☆ In einem kleinen Topf 3 Eßlöffel Wasser mit dem Zucker verrühren.

☆ Den Sirup zum Kochen bringen, danach vom Feuer nehmen und abkühlen lassen.

☆ Inzwischen die Himbeeren, nur wenn nötig, schnell und vorsichtig waschen: Dabei das Wasser nicht über die Himbeeren schütten, sondern die Himbeeren in das Wasser hineinlegen. In einem Sieb abtropfen lassen.

☆ Anschließend in den Mixer geben, pürieren und danach durch ein feines Sieb streichen.

☆ Das Himbeerpüree mit dem kalten Zuckersirup vermischen und zugedeckt im Kühlschrank bereithalten.

☆ Gut gekühlt servieren.

Zubereitungsdauer: 10 Minuten.

Hinweis

Diese Himbeersauce kann auch zu einem Himbeersorbet verarbeitet werden. Dazu wird das mit dem Zuckersirup vermischte Früchtepüree in der Sorbetière gefroren. Man sollte es unmittelbar nach der Fertigstellung servieren. Auf die gleiche Art können aus den verschiedensten Früchten — Erdbeeren, Melonen etc. — sowohl Saucen wie auch Sorbets hergestellt werden. Jedoch nur vollreife aromatische Früchte ergeben ein befriedigendes Resultat.

Johannisbeersauce

SAUCES AUX GROSEILLES ROUGES

Zutaten für 4 Personen
300 g rote Johannisbeeren
100 g feiner Kristallzucker
2 EL Wasser

Zubereiten

☆ Zuerst einen Zuckersirup kochen: Dazu wird der feine Kristallzucker mit 2 Eßlöffel Wasser verrührt und schnell aufgekocht. Den Zuckersirup vom Feuer nehmen und abkühlen lassen.

☆ Unterdessen die roten Johannisbeeren waschen, abtropfen lassen und von den Stielen zupfen.

☆ Die Beeren durch einen Durchschlag treiben oder im Mixer pürieren.

☆ Danach das Püree durch ein feines Sieb treiben.

☆ Den erkalteten Zuckersirup in das Püree einrühren und die fertige Sauce im Kühlschrank bereithalten.

Zubereitungsdauer: 15 Minuten.

Hinweis

Dies ist eine exzellente Sauce für Vanilleeis und alle möglichen Früchtesorbets. Die Johannisbeersauce läßt sich sehr gut auf Vorrat herstellen und portionsweise einfrieren.

Gefülltes Täubchen »Diamant noir«
Rezept Seite 152

In Pierre Wynants' exzellentem Weinkeller,
der die besten Gewächse der bedeutendsten Weingüter Frankreichs birgt

Eine Besonderheit des Restaurants – der Küchenalkoven, von dem man das geschäftige Treiben der Küche
unmittelbar überblicken kann, wenn man nicht zu sehr in sein Essen vertieft ist

Orangensauce

SAUCE À L'ORANGE

Zutaten für 4 Personen
2 große unbehandelte Orangen
50 g feiner Kristallzucker
30 g Butter

Zubereiten

☆ Die unbehandelten Orangen heiß abwaschen und trockenreiben.

☆ Mit einem Sparschäler die Schale so dünn abschneiden, daß keine bittere weiße Innenhaut an den Zesten haften bleibt. Man braucht etwa 30 g Zesten.

☆ Die Zesten in ganz feine Streifen schneiden. — Einfacher und schneller geht das Abschälen mit einem Zestenreißer.

☆ Die Orangen halbieren und auspressen. Sie sollen etwa 2 dl Saft ergeben.

☆ Den Orangensaft in einen kleinen Topf gießen und die Orangenzesten, den Zucker sowie die Butter zufügen.

☆ Unter Rühren zum Kochen bringen und über gelinder Hitze knapp 10 Minuten langsam kochen lassen.

Zubereitungsdauer: 20 Minuten.

Hinweis
Diese Sauce wird zu den Crêpes à l'orange (siehe Seite 186) serviert. Sie eignet sich auch vorzüglich zu Soufflés.

Pfirsichsauce

SAUCE AUX PÊCHES

Zutaten für 4 Personen
3 große weißfleischige Pfirsiche
Saft von 2 Zitronen
60 g feiner Kristallzucker
5 EL Wasser

Zubereiten

☆ Die Pfirsiche waschen, nicht abziehen, sondern nur halbieren, die Kerne entfernen und das Fruchtfleisch grob zerschneiden.

☆ Zusammen mit dem Saft von 2 Zitronen, dem Zucker und 5 Eßlöffel Wasser in den Mixer geben und 1 Minute durchmischen.

☆ Danach das Püree durch ein feines Sieb streichen. Sollte es zu dickflüssig sein, kann man es mit ein wenig Wasser verdünnen.

Zubereitungsdauer: 10 Minuten.

Hinweis

Die Pfirsichsauce kann warm und kalt serviert werden.
Sie sollte jedoch erst unmittelbar vor dem Anrichten
zubereitet werden, da sie sich bei längerem Stehen dunkel
verfärbt.

Sauce Colibri

Zutaten für 8 Personen
*je 100 g vollreifes Fruchtfleisch von
Ananas, Mango, Papaya
25 cl frisch gepreßter Orangensaft
4 cl Grenadine-Sirup
4 cl Mandarinen-Likör Napoléon*

Zubereiten

☆ Das Fruchtfleisch der vollreifen Früchte würfeln.

☆ Zusammen mit dem frisch ausgepreßten Orangensaft im Mixer 2–3 Minuten zu einem Püree verarbeiten.

☆ Danach den Grenadine-Sirup sowie den Mandarinen-Likör zugießen und nochmals kurz durchmischen.

☆ Die Sauce anschließend durch ein feines Sieb streichen, damit sie vollkommen glatt wird.

☆ Zugedeckt im Kühlschrank bereithalten.

☆ Die Sauce gut gekühlt servieren.

Zubereitungsdauer: 10 Minuten.

Hinweis
*Diese fruchtig-aromatische Sauce ist vielseitig
verwendbar. Sie gibt einem Kuchen oder einem Flan, einem
Eis oder einer Bavaroise die besondere exotische Note.*

Sauce Safari

Zutaten für 4 Personen
750 g reife Passionsfrüchte
1 gelbfleischiger Pfirsich
½ reife Banane
35 g feiner Kristallzucker
2 dl Wasser

Zubereiten

☆ Den vollreifen Pfirsich in kochendem Wasser kurz blanchieren, kalt abschrecken und die Haut abziehen. Den Pfirsich halbieren, den Kern auslösen und das Fruchtfleisch in Schnitze teilen.

☆ Die Pfirsichschnitze in einen kleinen Topf geben, den Zucker sowie 2 dl Wasser zufügen und zum Kochen bringen. Über reduzierter Hitze 4 Minuten kochen, anschließend vom Feuer nehmen und abkühlen lassen.

☆ Inzwischen die Passionsfrüchte halbieren und mit einem kleinen Löffel das Fruchtfleisch samt den Kernen aus den Schalen schaben.

☆ Zusammen mit der halben reifen Banane sowie den abgekühlten Pfirsichschnitzen samt ihrem Sirup im Mixer etwa 30 Sekunden pürieren. Danach durch ein feines Sieb streichen und kühl stellen.

☆ Sollte die Sauce zu dickflüssig sein, kann sie mit ein wenig Wasser verdünnt werden.

Zubereitungsdauer: 25 Minuten.

Hinweis

Man sollte diese Sauce auch zu vollreifen, in dünne Scheiben aufgeschnittenen Mangos servieren.

Mürbeteig für Tarteletts

PÂTE POUR TARTELETTES

Zutaten für 4 mittelgroße Tarteletts
125 g Mehl
100 g weiche Butter
1 großes Eigelb
10 g feiner Kristallzucker
3 g Salz

Zubereiten

☆ Das Mehl in eine Schüssel sieben und in die Mitte eine Mulde drük-
ken. Die in kleine Flocken zerpflückte weiche Butter, das Eigelb sowie
den Zucker und eine Prise Salz hineingeben.

☆ Schnell mit der Hand zu einem Teig kneten.

☆ Den Teig zur Kugel formen, mit einem sauberen Küchentuch abdecken und mindestens 2 Stunden kühl stellen.

Zubereitungsdauer: 10 Minuten und 2 Stunden ruhen lassen.

Hinweis

Der Teig darf nicht zu sehr bearbeitet werden, damit er
nicht »brandig«, das heißt bröckelig wird.

Blätterteig

FEUILLETAGE

Zutaten für etwa 1¼ kg
600 g Mehl
600 g Butter
2½ dl kaltes Wasser
8 g Salz

Zubereiten

☆ Das Mehl sieben und 100 g zum Bestäuben der Arbeitsfläche abnehmen.

☆ Von der Butter ebenfalls 100 g abschneiden und diese bei Zimmertemperatur weich werden lassen.

☆ Die restliche Butter zurück in den Kühlschrank geben.

☆ Auf einer kalten Arbeitsfläche, am besten auf einer Marmorplatte, 500 g gesiebtes Mehl aufhäufen und in die Mitte eine Mulde drücken. Dahinein die weiche Butter, das Salz sowie das kalte Wasser geben. Alles schnell miteinander vermischen. Nicht zu stark kneten, damit der Teig nicht zu elastisch wird.

☆ Diesen Vorteig zur Kugel formen, auf einen Teller legen und mit Frischhaltefolie abdecken. Im Kühlschrank 30 Minuten ruhen lassen.

☆ Anschließend die Arbeitsfläche sowie den Teigroller mit Mehl bestäuben und den gekühlten Vorteig zu einem Rechteck von 60 × 30 cm ausrollen. Mit einer kleinen Bürste das überschüssige Mehl von der Teigoberfläche fegen.

☆ Die Butter aus dem Kühlschrank nehmen, in 1 cm dicke gleichmäßige Scheiben schneiden und damit eine Hälfte des Teigrechtecks (30 × 30 cm) belegen. Die andere Teighälfte so darüberschlagen, daß die Butterschicht völlig umhüllt ist.

☆ Die Teigplatte mit etwas Mehl bestäuben und vorsichtig zu einem Rechteck von 60 × 30 cm ausrollen. − Nach jedem Ausrollen das Mehl wieder von der Teigoberfläche abfegen, damit sich keine Krümel bilden, die ein gleichmäßiges Aufgehen des Teigs beim Backen verhindern. Das Teigrechteck wird nun gefaltet, indem man das rechte Teigdrittel über das mittlere faltet und das linke Drittel darüberklappt.

☆ Die Arbeitsfläche und den Teigroller wieder mit etwas Mehl bestäuben und den zusammengefalteten Teig erneut zu einem Rechteck von 60 × 30 cm ausrollen.

☆ Den Teig wieder abfegen und wieder auf die gleiche Art zusammenfalten. Jedes Zusammenfalten entspricht einer »Tour«.

☆ Nach dieser zweiten Tour wird der Teig wieder mit Frischhaltefolie abgedeckt und für 30 Minuten in den Kühlschrank gegeben.

☆ Anschließend erhält er weitere 4 Touren. Nach jeder zweiten Tour und vor der Weiterverarbeitung muß der Teig mindestens 30 Minuten im Kühlschrank ruhen.

Zubereitungsdauer: 35 Minuten und 2 Stunden ruhen lassen.

Leichte Biskuitmasse

GÉNOISE LÉGÈRE

Zutaten für etwa 500 g
6 große Eier
125 g feiner Kristallzucker
135 g gesiebtes Weizenmehl
10 g Butter zum Ausstreichen
der Form

Zubereiten

☆ Die Eier aufschlagen, in eine Metallschüssel mit gewölbtem Boden geben und den Zucker zufügen.

☆ Die Schüssel in ein heißes Wasserbad setzen und die Eier mit dem Zucker wie bei einem Sabaion mit dem Schneebesen aufschlagen. Nicht zu heiß werden lassen, sonst flockt die Masse aus.

☆ Sobald die Masse hell und cremig gerührt ist, wird sie in ein kaltes Wasserbad gesetzt und so lange weitergeschlagen, bis sie abgekühlt ist.

☆ Anschließend mit einem Holzlöffel das gesiebte Mehl vorsichtig unterheben.

☆ Eine viereckige, etwa 7 cm hohe Backform von 20 × 20 cm mit etwas weicher Butter ausstreichen und mit einem gebutterten und mit etwas Mehl bestäubten Pergamentpapier auslegen.

☆ Den Teig in die Form füllen und bei 175°C 18 Minuten backen. Danach die Hitze auf 60°C reduzieren und noch weitere 10 Minuten im Ofen lassen.

☆ Danach wird die gebackene Teigplatte auf ein Kuchengitter gestürzt. Die Form vorsichtig abheben und das Pergamentpapier abziehen.

☆ Nach dem Abkühlen die Biskuitplatte in Aluminiumfolie wickeln und im Kühlschrank bis zur Weiterverwendung aufbewahren.

Zubereitungsdauer: 30 Minuten zuzüglich 28 Minuten Backzeit.

Konditorcreme

CRÈME PÂTISSIÈRE

Zutaten für etwa 750 g
½ l Milch
1 Vanilleschote
5 Eigelb
150 g feiner Kristallzucker
80 g gesiebtes Mehl
5 g Butter

Zubereiten

☆ Die Milch in einen kleinen Topf gießen. Die Vanilleschote der Länge nach spalten, mit der Messerspitze das Mark herausschaben und mit den beiden Schotenhälften in die Milch geben. Zum Kochen bringen, sofort vom Feuer nehmen und bereithalten.

☆ Inzwischen das Eigelb und den Zucker mit dem Schneebesen cremig rühren. Das gesiebte Mehl zufügen und einarbeiten.

☆ Anschließend die heiße Milch, aus der man zuvor die Vanilleschote entfernt hat, langsam einrühren.

☆ Über lebhafter Flamme die Mischung bis zum Siedepunkt erhitzen und dabei ständig mit dem Schneebesen weiterrühren. Vom Feuer nehmen und in eine Schüssel umschütten.

☆ Sofort die Cremeoberfläche mit einem kleinen, auf eine Gabel gespießten Stück Butter bestreichen, damit sich keine Haut bildet. Die Creme abkühlen lassen.

Zubereitungsdauer: 15 Minuten.

Hinweis

Die Vanilleschote nicht wegwerfen, sondern wieder verwenden. Sie wird abgespült und trockengetupft. Danach gibt man sie in ein kleines Schraubglas, das man mit Zucker auffüllt und verschließt. Nach einiger Zeit hat man einen aromatischen Vanillezucker.

Crème surprise

Zutaten für 4 Personen
100 g Konditorcreme
(siehe Seite 208)
3 dl Sahne
30 g feiner Kristallzucker

Zubereiten

☆ Die Konditorcreme in einer Schüssel mit etwa einem Drittel der Sahne verrühren.

☆ Die restliche Sahne mit dem Zucker vermischen und nicht ganz so steif wie Schlagsahne aufschlagen.

☆ Die beiden Crèmes miteinander verrühren und nochmals mit dem Schneebesen leicht aufschlagen.

Zubereitungsdauer: 10 Minuten.

Hinweis

Die Crème surprise wird anstelle von Schlagsahne verwendet, die sie an Wohlgeschmack weit übertrifft.

Menüvorschläge und Weinempfehlungen

Erstes Menü

Geeiste Kraftbrühe von Krebsschwänzen

LE CONSOMMÉ GLACÉ D'ÉCREVISSES À LA CITRONELLE

Wein: Ein junger, frischer Weißwein aus der Champagne: Coteaux Champenois (Laurent Perrier), aber auch ein junger Rotwein: Coteaux Champenois (George Vesselle, Bouzy).

Pochierte Lammzungen mit grüner Sauce

LES LANGUES D'AGNEAU POCHÉES, COULIS EN PERSILLADE

Wein: Ein junger Rotwein: Coteaux Champenois (Georges Vesselle, Bouzy), oder ein leichter Bordeaux: ein Saint-Julien (Château Lalande-Borie) oder ein Margaux (Château d'Issan).

Apfelbeignets

BEIGNETS AUX POMMES

Wein: Champagner demi-sec.

Zweites Menü

Languste Saint-Michel mit Meeresschnecken

LA LANGOUSTE SAINT-MICHEL AUX CARICOLES

Wein: Ein fruchtiger weißer Rhônewein: ein Condrieu (Georges Vernay), oder ein weißer Burgunder: ein Chassagne-Montrachet (»Les Caillerets« von Delagrange-Bachelet) oder ein Montrachet (A. Ramonet).

Ragout von Kalbsbries mit grünem Spargel, Trüffeln und Selleriewürfeln

LE SAUTÉ DE RIS DE VEAU AUX POINTES VERTES, TRUFFES ET CÉLERI RAVE

Wein: Ein Chassagne-Montrachet oder ein Montrachet, aber auch ein leichter, frischer Côte de Beaune: ein fruchtiger weißer Monthélie (R. Thévenin).

Erdbeeren »au citron«

LES FRAISES AU CITRON

Wein: Ein leichter Sauternes (Château Filhot) oder ein junger Burgunder (Brouilly AOC).

Drittes Menü

Tomaten mit Weinbergschnecken

LES TOMATES AUX ESCARGOTS

Wein: Ein junger Bourgogne-Aligoté (Fournier) oder ein Rotwein aus der Provence: ein Bandol rouge (Cuvée speciale der Domaine Ott).

Pochierte Keule vom Pauillac-Lamm mit Feldthymian

LE GIGOTIN D'AGNEAU DE PAUILLAC AU SERPOLET

Wein: Ein Bordeauxwein: ein Pauillac (Château Lynch-Moussas), der zu den ersten beiden Gängen des Menüs getrunken werden kann.

Heiße Tamarillos mit Vanilleeis

LES TAMARILLOS VANILLÉS EN CHAUD ET FROID

Wein: Wein verträgt sich nicht mit Eis!

Viertes Menü

Flan vom Hummer Michel-Pierre auf Montrachet-Sauce

LE FLAN DE HOMARD AU MONTRACHET MICHEL-PIERRE

Wein: Ein weißer Burgunder: ein Montrachet (Marquis de Laguiche, Puligny) oder ein Chassagne-Montrachet (L. Jadot, »La Romanée«).

Gefülltes Täubchen »Diamant noir«

LE PIGEONNEAU FARCI »DIAMANT NOIR«

Wein: Ein großer Bordeauxwein: Château Margaux oder Château Cheval blanc, oder ein Côtes du Rhône: ein guter Jahrgang eines Hermitage rouge von E. Guigal.

Mangoscheiben auf Sauce Safari

SALADE DE MANGUE, SAUCE SAFARI

Fünftes Menü

Frikassee von Krebsschwänzen nach Art der Försterin

LA FRICASSÉE DE QUEUES D'ÉCREVISSES À LA FORESTIÈRE

Wein: Ein trockener weißer Bordeauxwein: »R« de Château Rieussec, oder ein weißer Burgunder: ein Meursault (Michelot-Buisson, »Les Genevrières«). Beide Weine können auch zum nächsten Gang gereicht werden.

Gebackene Poularde nach Art von Visé

LA VOLAILLE À L'INSTAR DE VISÉ

Karamelisierte Quarkpfannküchlein

LES CRÈPES AU FROMAGE BLANC ET À LA CASSONADE

Wein: Ein weißer lieblicher Bordeauxwein: ein Barsac (Château Climens), oder ein Loirewein: ein Vouvray demi-sec (Domaine Huet).

Sechstes Menü

Gesülzte Forelle Chimay

ESCAVÈCHE DE TRUITE DE CHIMAY

Wein: Ein belgischer Weißwein: ein Côtes de Huy (Charles Legot, Clos »Bois-Marie«), oder ein junger weißer Châteauneuf-du-Pape (J. Deydrier).

Junge Barbarie-Ente »Souffle d'été«

LA CANETTE DE BARBARIE »SOUFFLE D'ÉTÉ«

Wein: Ein roter Bordeauxwein: ein Graves rouge (Château Fieuzal), oder ein eleganter roter Burgunder: ein Morey-Saint-Denis (Domaine Dujac).

Vanilleeis mit Schokoladensauce

GLACE À LA VANILLE, SAUCE AU CHOCOLAT

Wein: Wein verträgt sich nicht mit Eis.

Siebtes Menü

Muschelcremesuppe mit Sauerampfer

LA CRÈME DE MOULES À L'OSEILLE

Wein: Ein Elsässer Weißburgunder (Pinot blanc von Théo Faller) oder ein weißer Burgunder: ein Pernand-Vergeleses (Domaine Laleure-Pinot).

Rehnüßchen mit Gänselebersauce

LE NOISETTES DE CHEVREUIL, SAUCE AU FOIE GRAS

Wein: Ein eleganter roter Burgunder: ein Pommard Premier Cru AOC (»Les Rugiens« von de Montille), oder ein reifer, rassiger Bordeaux: ein Graves rouge (Domaine de Chevalier).

Warme Apfeltartelette auf Pfirsichsauce mit Apfelsorbet

PETITE TARTELETTE AUX POMMES, SON SORBET ET SA SAUCE AUX PÉCHES

Wein: Ein Sauternes (Château d'Yquem).

Achtes Menü

Jakobsmuscheln nach indischer Art mit frischem Estragon

LES ESCALOPES DE COQUILLES SAINT-JACQUES À L'INDIENNE ET FEUILLES D'ESTRAGON

Wein: Ein junger trockener Tokay d'Alsace (Pinot Gris) von Josmeyer, oder ein Burgunder, ein Musigny blanc (Comte de Vogüé); oder ein weißer Rhônewein, ein Hermitage blanc (E. Guigal).

Hasenrücken in dunkler Senfcremesauce mit Pomerol

RABLE DE LIÈVRE, COULIS DE POMEROL, CRÈME À LA MOUTARDE

Wein: Ein roter Burgunder, ein Fixin Premier Cru (Guy Berthaut, »Les Hervelets«), oder ein Beaune rouge Premier Cru (Jadot, »Clos des Ursules«) oder ein roter Hermitage (E. Guigal) von der Rhône.

Tarte au sucre

Wein: Ein gut gekühlter Muskateller, ein Muscat de Beaumes-de-Venise (Paul Jaboulet), oder ein Champagner demi-sec.

Neuntes Menü

Aal in grüner Sauce

LES ANGUILLES AU VERT

Wein: Ein junger frischer Elsässer oder Luxemburger Riesling.

Fasan auf Chicorée nach Brabanter Art

LE FAISAN AUX WITLOOFS BRABANÇONS

Wein: Ein Burgunder, ein zehnjähriger Savigny-lès-Beaunes (Hospices de Beaune) oder ein reifer Echézeaux (J. Jayer).

Passionsfruchtkuchen

EUGÉNIE DES TROPIQUES

Wein: Ein weißer, lieblicher Bordeauxwein, ein Barsac (Château Doisy-Daëne).

Zehntes Menü

Pochierte Eier mit Hopfensprossen

LES ŒUFS POCHÉS AUX JETS DE HOUBLON

Wein: Ein Sylvaner aus dem Elsaß (Eschbach-Dornstetter) oder ein junger weißer Bordeaux auf Sauvignon-Basis (Château Reynon).

Waterzooi von Kabeljau nach flämischer Art

LE CABILLAUD EN WATERZOOI À LA FLAMANDE

Wein: Ein reifer Elsässer Riesling (Théo Faller), der auch zu allen drei Gängen des Menüs serviert werden kann.

Karamelisierte Quarkpfannküchlein

LES CRÊPES AU FROMAGE BLANC ET À LA CASSONADE

Wein: Ein weißer lieblicher Bordeaux, ein Barsac (Château Climens) oder ein weißer Loirewein, ein Vouvray demi-sec (Huet).

Verzeichnis der Fachausdrücke

Ablöschen – Das Zugießen von Flüssigkeit – Wasser, Brühe, Wein oder Sahne –, um die Röststoffe, die sich beim Braten bilden, aufzulösen zur Herstellung einer Sauce.

Abschäumen – Von Fonds und Brühen wird das ausgeflockte Eiweiß, das sich an der Oberfläche als Schaum absetzt, mit einer Schaumkelle abgeschöpft, um ein Trübwerden der Flüssigkeit zu verhindern.

Abschrecken – Heißes Gargut mit kaltem Wasser übergießen, um es schnell abzukühlen.

Anschwitzen – Lebensmittel in Fett über schwacher Hitze anbraten, ohne daß sie Farbe annehmen.

Aromaten – Würzkräuter und andere Würzzutaten.

Bardieren – Das Umwickeln von Geflügel und Wildgeflügel mit dünnen Scheiben von fettem Speck, um ein Austrocknen des zarten Fleisches beim Braten zu verhindern.

Blanchieren – Das Abbrühen von rohen Lebensmitteln. Das Blanchiergut wird entweder in kaltem Wasser aufgesetzt und schnell aufgekocht oder kurz in kochendes Salzwasser getaucht. Danach wird es immer in eiskaltem Wasser abgeschreckt.

Bouquet garni – Ein Würzsträußchen von Gemüse und Kräutern zum Aromatisieren von Fonds und Saucen.

Bridieren – Geflügel vor dem Braten mit Bindfaden in eine feste Form binden.

Corail – Das grünlich-schwarze Rückenmark des Hummers, das sich beim Garen rot färbt.

Entfetten – Heiße Fonds oder Brühen werden entfettet durch vorsichtiges Abschöpfen des Fettes von der Oberfläche oder durch Aufsaugen mit Küchenpapier, das man mehrmals über die Oberfläche zieht. Von kalten Fonds wird die fest gewordene Fettschicht einfach abgehoben.

Flambieren – Das Übergießen von Speisen mit einem aromatischen Branntwein – Cognac, Obstwässer, hochprozentige Liköre –, der anschließend schnell abgebrannt wird, um die Speisen zu würzen und zu verfeinern.

Karkasse – Das Gerippe oder der Rumpf hauptsächlich von Geflügel.

Mandoline – Ein Spezialhobel mit auswechselbaren Klingen, mit dem man Gemüse in glatte oder geriffelte Scheiben schneiden kann.

Mazerieren – Früchte in einem mit verschiedenen Würzzutaten aromatisierten Zuckersirup einige Zeit ziehen lassen.

Medaillon – Eine medaillenförmige Scheibe vom Filet, aber auch vom Hummer- oder Langusten-Schwanz.

Parieren – Fleisch von Häuten, Sehnen und überflüssigem Fett befreien und zurechtschneiden.

Pochieren – Lebensmittel in einer heißen Flüssigkeit knapp unterhalb des Siedepunktes gar ziehen lassen.

Reduzieren – Eine Flüssigkeit durch Kochen im offenen Topf teilweise verdampfen lassen, um sie sämig oder sirupartig zu machen und um ihr Aroma zu konzentrieren. Fonds und Weine werden sprudelnd, Sahne jedoch langsam kochend reduziert. Das Ergebnis ist die Reduktion.

Sautieren – Kleine Stücke Fleisch, Fisch, Gemüse oder Obst in heißem Fett schnell anbraten.

Register der Rezepte

Register der französischen Rezeptbezeichnungen